El Corazón de las Letras.

José Luis García Troyano.

Mi agradecimiento:

A José Luis, que además de ser un excelente corrector,
nunca pude soñar mejor padre que él.

A Susana, que esta vez además de perdonarme los ratos que
le quito por mi afición a las letras, me ayudó con la portada.

A esos amigos anónimos que comparten sus corazones
conmigo, a los que no son anónimos y a mi familia, que son la
mano que movió mi pluma para escribir estos textos.

Prólogo del autor.

Desde que muchos años atrás un profesor de los de antes me presentó el mundo de las letras, no hay ninguna otra cosa que me haya atraído más que la palabra.

Siempre en mi vida tuvo una importante presencia en modo alguno. Devorar libros siempre fue el preferido de mis deportes, y al final acabé esbozando unas letras, siempre para mí, en una cuartilla.

Un buen día y atraído por las posibilidades que me ofrecían las nuevas tecnologías creé un blog en La Comunidad del Diario El País, El Corazón de las Letras, y comencé a escribir, sin más intención, en principio, que compartir mis pocas letras con familiares y amigos.

Pero como se trataba de un medio público, otros lectores comenzaron a compartir mis escritos y a comentarlos, e igualmente yo hice lo mismo con los escritos de muchos de ellos.

Sin casi darnos cuenta, y sin conocernos de nada, (ya que escribíamos de modo anónimo), acabamos teniendo una complicidad envidiable, y plasmábamos palabras y sentimientos en los comentarios de nuestros posts, que llegaban en muchas ocasiones a ser más hermosos y profundos que los propios escritos.

Por desgracia, y por esos duendes maliciosos que se mueven y hacen travesuras en el complejo mundo de internet, después de un periodo de tiempo más largo de lo habitual sin publicar en mi blog, desapareció totalmente del mundo virtual donde residía, mi blog, mis amigos, y lo más doloroso para mí, sus comentarios.

Como único consuelo de aquél desaguisado, me quedaban en mi disco duro una parte importante de los escritos publicados durante todos estos años. Pedí permiso al Diario El País para recogerlos en un libro y registrarlos como míos, (ya que realmente lo eran), y ofrecerlos a esos pocos amigos y familiares, cuyas vidas se reflejan en muchos de ellos con la intención de que los compartan conmigo y que nunca más desaparezcan si tienen la intención de conservarlos.

Ahora he comenzado a escribir otro blog, se titula El Nuevo Corazón de las Letras, pero lo hago firmando mis entradas con nombre y apellidos, y curiosamente se me antoja escribir en él con muy poca frecuencia, ya que mis palabras no tienen la fuerza y el halo de misterio que les daba el anonimato, y lo principal de todo, es preciso ser muy valiente o muy cauto, para firmar lo que se escribe, y no soy ninguna de las dos cosas.

No obstante, también incluyo en esta obra las publicaciones que hice en este nuevo blog, que hasta la presente sigue vivo, y aunque, como dije, no con tanta frecuencia, alguna que otra vez dejo mis entradas.

****

El pequeño luchador.

Atardecía, el cielo estaba forrado de nubes coloreadas y se hacía bonito de mirar. Quise pensar por un momento, ante tanta grandeza, que quizá, Dios y yo aún teníamos algo que decirnos, pero no fue así. Bajé los ojos, y ahí estaba aquel pequeño, agarrado a aquel extraño aparato ortopédico cuadrangular, dejando colgar sus piernecitas, deformes y sin vida, mirando al cielo como yo, y sonriendo con las piruetas de una gaviota.

Ahora me preguntaba por Dios, otra vez, a veces pienso que es cierto, que para no creer en El lo menciono demasiado. Pero es que aquel pequeño bajaba la vista y buscaba con ella a sus amiguitos, y tomando aire, arrastraba las piernas inertes, realizando un evidente esfuerzo, para tratar de alcanzarlos.

Y yo miraba otra vez al cielo, con la esperanza de que un rayo divino, guiado por algún ente, tuviera la decencia de atravesar a aquel pequeño y sanarlo de su merma.

No ocurría nada… a fuerza de invocar a la nada, ya aquel cielo dejaba de parecerme tan hermoso, y la vida tan cruel como siempre he pensado que era.

Vinieron otros días, más adelante, seguía viendo a mi pequeño vecino luchando con su minusvalía, lo observaba, lo hacía con un terrible esfuerzo, cualquier acción, cualquier movimiento de aquel pesado artefacto que lo rodeaba, pero que en realidad era toda su libertad, se le hacía costosísimo. Sin embargo, aquel pequeño al que la vida no daba tregua, nunca, jamás, dejaba de sonreír.

Jugaba con sus amigos como si no fuera diferente… como si la injusta naturaleza no le hubiera maldecido con las secuelas de su garra. Lo vi jugar al fútbol, al pilla pilla. A veces, se dejaba caer al suelo, y dejaba a sus amigos que jugaran con aquel aparato que lo acercaba a la sociedad, los otros niños se columpiaban sobre él, con la envidiable naturalidad que tan sólo los niños saben desarrollar, y el pequeño los miraba orgulloso de que se divirtieran con aquella parte de él que era su prótesis.

Veo a ese pequeño a casi a diario, y le miro de reojo cuando me cruzo con él.

Es un sentimiento extraño el que experimento. A la vez siento pena y alegría. Pena por la realidad que yo veo, y alegría por la realidad que yo sé que él ve.

La fotógrafa de bodas.

Vestía unos vaqueros rotos por los bolsillos, andaba con sutilidad, pero sus pasos eran recios, no llevaba tacones, pero su andar felino de piernas largas y torneadas, aportaba al altar de aquella iglesia de pueblo tanto glamour o más que el que derraman las diosas de Hollywood.

Llevaba una camisa de hombre, de color celeste claro, con mangas arremangadas a dos vueltas, y tres botones abiertos, por necesidad, no por intención, y, ni ensañaba ni insinuaba nada. Portaba una Nikon casi más pesada que ella, con un enorme objetivo, que sujetaba con una mano, pequeña, suave... perfecta.

Se movía con profesionalidad por aquel difícil escenario, soportando el calor que a todos nos hacía sudar, y a ella se le veía limpia y seca, como acostumbrada a la hostilidad de altares de iglesias en los meses de agosto en el sur.

De vez en cuando, entre oleadas de fotos, reposaba su cámara en el suelo, y con una rodilla sobre el piso despejaba su frente del descuidado y frondoso cabello, irregular y ondulado, y suspiraba de alivio.

Para mí, mientras el cura hablaba sin descanso, diciendo todo eso que dicen los curas para vivir de sus devotos, no existía más religión ni dioses, que aquella que se escondía tras los flases de la Nikon.

Viéndola trabajar, subieron a mi cabeza unas palabras que poco atrás leí, de un conocido autor, refiriéndose a la falta de clase de las mujeres de hoy en día. Me hubiera gustado que en aquel momento compartiera conmigo el primer banco, y observara el desarrollo del trabajo de aquella fotógrafa de bodas, duro y mal pagado, en una tarde de sábado. No me cabe duda que tras hacerlo matizaría convenientemente aquel artículo.

Puedo asegurar que aquella tarde, sin ella tan siquiera sospecharlo, me hizo aprender mucho.

Me enseñó que afortunadamente el mundo está lleno de mujeres de bandera, que saben serlo y demostrarlo, son capaces de seducir sin pretenderlo, y son muy valientes, más que muchos hombres, pues en su día a día no cesan de librar batallas, que a nosotros la tradición y la historia ya no las dieron ganadas, quedándoles arrestos para llevar una casa, ser el motor de una familia, y la inspiración de unos pocos, que la miramos abstraídos, sacar fotos en el altar de una iglesia de pueblo.

Mi vieja pluma.

Me sorprendió que algo me saliera bien, que en el silencio hubiese algo de sonido, de color.

¿Cómo ocurrió? Ocurrió como nacen las palabras en la pluma de un poeta.

Mi senil pluma, podía a toda la tecnología, y la prosa que vomitaba incansable, aportaba la personalidad de que carecen las máquinas que hoy engendran libros.

Ni que decir tiene que todo era silencio. Sólo sentían mis dedos, pulgar e índice, el roce del plumín sobre el satinado papel. Era algo indescriptible, y me causaba un extraño, pero hermoso, sentimiento de libertad.

Y ese silencio... cómplice de la noche, esa noche tan mágica, que tanto guarda en su seno, esa noche, compañera de sueños, de amor, y de dolor. Que sabe sacar lo mejor y lo peor de los hombres. Madre de la mejor poesía jamás escrita.

Esa noche, como digo, me arropaba, y soltaba mi cansada mente, que, aún no sabiendo muy bien que decir, sentía una insaciable necesidad de decir cosas, de expresarse. No quería callar, no quería olvidar que seguía viva, y que una vez, hace mucho tiempo, perteneció a un poeta, a un soñador, a alguien, que no tenía miedo a perder nada, porque nada tenía para perder.

De pronto, me sentí desnudo como antaño. Mi pluma... yo... mi corazón... la palabra.

No quería ser yo. Al menos, el yo que hoy soy, cargado de prejuicios que apagan el sentimiento.

Quería ser el de entonces, aquél que pensaba en letra gótica, y para quien nada era más importante que un beso o una flor.

Mi pluma, exaltada, me recordaba que fue mucho... demasiado, lo que dejé a medio acabar.

Que ella no perdona, ni olvida, tan sólo... siente...y siente que nos queda mucha poesía por descubrir...que juntos, tenemos demasiado por delante.

Que un hombre... y una pluma... solo son viejos cuando lo son sus corazones.

Que la palabra es tan bella como la vida, y la una, merece ser escrita como la otra vivida.

Perdona vieja pluma... ya lo había olvidado... antaño fue mi mano la que te regaló un alma, y ésta se apagaba guardada en un cajón.

El corredor.

Cada tarde salta al abrigo de la gran ciudad, y acude a correr junto al mar.

Mientras corre por la sinuosa orilla, dibujada por unas tiernas olas que aún sin sentirse agresivas comprometen su trayectoria, viéndose obligado a forzar su trote en determinados momentos, el corredor piensa en su día vivido. Lo analiza meticulosamente, tratando de no perder su concentración... intentando no perder el ritmo de sus pies... controlando el compás de su respiración. Piensa en lo que hizo, e hizo debidamente, y en qué no debió hacer nunca... piensa en qué aprendió... piensa en qué le hicieron... piensa en cuánto le dolió... pero sigue fiel a su paso, excepto cuando las olas, caprichosas, le hostigan con sus lenguas de espuma.

Hoy fue un día como tantos, soportando el peso de una vida de la que le gustaría borrar demasiadas cosas. Corre sin parar... sin mirar atrás... huyendo de una depresión que le acosa y que intenta arrebatarle el alma. No quiere que acabe con él, morir no está en sus planes. Cien veces... mil veces se quitó la vida... por tantas causas... en tantas ocasiones, eso sí, dentro de su pensamiento, al que no da tregua. O bien no tiene arrestos para hacerlo, o bien es inmortal, (cosa poco probable), o ese Dios, del que tanto reniega, no tiene ganas de encontrarse frente a frente, con la mirada del corredor, llena de frustración, y atónito al comprobar que existe, que nunca creyó en El, y que es el momento de rendirle cuentas.

Pero sigue corriendo sin parar... ahora no es el momento... ahora no debe detenerse, debe seguir corriendo... hasta que el luto de la muerte abandone su cansada lucidez... hasta que vuelva a notar la vida a su alrededor... la realidad por la que merece la pena comprometerse.

En su carrera alcanza a cuatro jóvenes, son islámicas, dos corren con burka y dos sin él. Le agrada esa visión... quizás algo esté cambiando, se dice, viendo en esas cuatro chicas... tolerancia y libertad.

Sigue sumido en su correr, más animoso, como su estado ahora... mira a un pequeño que le sonríe... en él ve el futuro... y ve eso... la sonrisa de un pequeño.

Ahora se siente mejor, sigue corriendo… observa dos gaviotas que levantan el vuelo pesadamente y se posan cuidadosamente sobre una roca… un chico y una chica, caminan de la mano, descalzos, sobre la arena mojada… se sostienen la mirada… se les ve cómplices en un proyecto… en el proyecto del amor. El corredor recuerda que también el amor le espera en casa… que también tiene un hogar donde descansar de su carrera… otra vida a medio llenar, esperando que vuelva… inquieta por su ausencia.

Para de correr. Sudoroso, mira última vez el horizonte, enfermizo por el rojo atardecer, y le presenta sus respetos, por no hacerlo a ese Dios por el que no se siente respetado, y que nota ausente, cada día, en tan idóneo lienzo, para un ser tan celestial.

El corredor recupera su pulso. Se interna de nuevo en la gran ciudad, en donde mañana vivirá un nuevo día, con todo lo bueno y todo lo malo que componen los nuevos días, y por la tarde, volverá a la playa, a correr, a morir y a vivir un poco.

El almuerzo de los hermanos.

De repente, llegas a un punto o una edad, o ambas cosas quizá, en que deduces que la vida en sí no vale más que unos pocos momentos que, como oasis en un vasto desierto, nos son gratos, y cuando se nos presentan nos afanamos por disfrutarlos plenamente.

Estos plácidos y raros momentos surgen porque sí, y ninguno suele tener similitud alguna con cualquier otro, son únicos e irrepetibles, siendo eso lo que los hace tan especiales.

La pasada semana viví uno de esos momentos felices. Tan sólo necesité la complicidad de mis hermanas y amigas, generosas en el desarrollo de la palabra, y de una expresividad aplastante, y la complicidad de un espumoso café.

Después de mucho tiempo sin que ocurriera, reunirnos los tres, en una íntima sobremesa conversando y bromeando sin hastío, sin ningún elemento externo a nosotros que nos hiciera cohibirnos ni pensar en las consecuencias que pudieran tener nuestras palabras, que se notaban propiciadas por la confianza reinante entre los contertulios, y que estaban muy lejos de pretender conservar el títere con su cabeza, en lo que concernía a todo aquél sobre el que platicábamos, incluyéndonos nosotros mismos. Aquella reunión, desinhibida, como refiero, me pareció de una singularidad digna de mención.

Tanta sinceridad desbordada... aquellos corazones abiertos y tan cercanos... tan a flor de piel.

Puedo catalogar por todo ello, aquel momento, como uno de esos escasos y maravillosos que guarda la memoria de una vida, la mía, y aquella improvisada reunión como un regalo del destino.

Pero cuando se acerca la conclusión de uno de estos encuentros, cuando se cierne la desdicha de ver como se disipa la magia que lo procuró, sobre los que lo protagonizamos, además de ese recuerdo, que no es poco, sólo queda la intención y la esperanza de poder emularlo, o incluso la fe de conseguir superarlo.

En aquella reunión de estos tres hermanos, sólo echamos en falta la presencia de un cuarto, que por circunstancias no pudo asistir.

Todos quedamos tan contentos de aquel almuerzo, que nos prometimos que estas reuniones pasarían a tener mucha más asiduidad.

Hoy fue la segunda de estas comidas, y gracias al destino contamos con aquel cuarto hermano que la pasada vez no asistió.

Y esta noche, que el insomnio, una vez más, tiene la desfachatez de arrancarme de las caricias de mi fragante almohada, y que por tal cuestión, el silencio de una noche en blanco me invita a ejercitar mis recuerdos y a emborronar una cuartilla, me encuentro en condiciones de asegurar dos cosas, que muchas segundas partes son mejores que las primeras, y que me siento sumamente afortunado de que mis mejores amigos sean mis hermanos.

Un soplo de aire fresco.

Observo el movimiento estresante y el estridente sonido de las máquinas, y me siento muy solo. Solo en mitad de mi templo de papel, yo, y mis anhelos y pesadillas.

Miro a quienes me rodean, incesantes en el desempeño de sus labores, y lamento que sus vidas, tal como la mía, se desvanezcan buscando un sentido a todo lo que sacrifican, sumidos, también al igual que yo, en esos anhelos y pesadillas, preguntándose, si llegarán, antes que la Dama de Negro les arranque el alma, a ver cumplidos los primeros o sufridas las segundas.

Estudio a cada cual que forma parte de esta peculiar sociedad, inquietante y vacía, y observo que son muy pocos los que tienen la suerte, el valor, y la sabiduría, de disfrutar, con los cinco sentidos, los limitados momentos que la cotidianidad no nos arrebata inexorablemente. Son muy pocos aquellos capaces de mirar en silencio, cada día, como el sol nace y se pone. Son muy pocos los que observan un mar embravecido, albergando en sus pechos la singularidad de sus bramidos y vaciando su mente de los lazos que nos someten a esa sutil esclavitud cotidiana que araña nuestra libertad, pero que es un tributo inevitable.

Animo pues, y me animo, a disfrutar de nuestras vidas y a cumplir nuestros sueños. Invito, y me invito a sentarme en la hierba mojada por el rocío, y sentir su frescor en las palmas de mis manos. Y sugiero, a todo aquél que pueda soportarlo, que no mienta jamás, ni calle lo que su alma le dicte que no debe ser silenciado.

Porque alguien dijo que la vida era un suspiro, pero está en nuestras manos el lograr, que en vez de un suspiro sea un soplo de aire fresco.

La vieja chimenea de la fábrica de plomo.

Aquella vieja chimenea de la obsoleta fábrica de plomo, se alzaba en medio del paseo marítimo, muy cerca de la mar.

El enamorado la miraba utilizando su mano izquierda a modo de visera, mientras con la derecha apretaba contra si a la joven Mónica, quien se mostraba orgullosa de sentirse tan amada.

Pero él necesitaba algo más, algo que fuese muy especial, algo que simbolizara el amor que por ella profesaba.

El enamorado la miraba… sonreía, y volvía a mirar la vieja y monumental chimenea olvidada de los hombres, pero que no dejaba de ser, a pesar de los tiempos, una obra de arquitectura digna de admiración.

Siguieron pasando los años, y con ellos afianzaban su amor de adolescentes. Siempre se encontraban al pie de la vieja chimenea, aquél era su lugar especial, donde tantos besos habían derramado… donde tantas veces enlazaron sus manos y soñaron.

Aquella impertérrita chimenea era testigo mudo de demasiadas cosas vividas por ellos… aquella chimenea era su celestina… cómplice y reservada. A su sombra descubrieron sus corazones, y bajo ella fundieron sus cuerpos cuando el ardor se hacía insoportable.

Pero el amor es frágil como un jazmín, y un mal día, esos enamorados acabaron rompiendo, ella corrió entre llantos en busca del consuelo de la mar... él, sin embargo, se fue a su confidente, la vieja chimenea... la miró largo rato y sonrió para sí.

A la mañana siguiente, a lo largo de aquella chimenea de ladrillo visto, todo el barrio podía leer en grandes letras blancas, el nombre de su amada, MONICA, quiso poner "te quiero" pero no calculó bien, y no tuvo pintura para hacerlo.

Desde entonces, y durante muchos años, la vieja chimenea fue un estandarte... fue la prueba de amor de un hombre humilde... fue el rescoldo que reavivó la llama de aquel amor.

A pesar de que la chimenea fue restaurada, y borraron el nombre de la amada, todo el mundo en Málaga conoce la chimenea de Mónica, y todos recuerdan a la persona que aman cuando pasean bajo ella.

Mi Tía María.

Aquellos setenta. Años en que mis recuerdos tienen su inicio, gateando en aquel pasillo largo de baldosas blancas y negras.

Los de mis recuerdos fueron años felices, pero me resultan muy lejanos.

A veces trato de arrancar personajes y, o, situaciones de aquellos tiempos. Son algunos momentos y personas, que como pinceladas acarician mi lastimado entender, a estas horas de la noche, al abrigo de una copa.

El sueño ya casi me gana el pulso cuando una figura, su recuerdo... el de una persona cuya alma brilla como un lucero, se interpone entre mis párpados cansados y la pantalla de mi castigado portátil, que esa peculiar visión hace ahora transparente.

Tengo que decir que esa persona siempre estuvo junto a mí... desde mi nacimiento, y no me cabe duda que aunque ya no en cuerpo, su alma seguirá estándolo hasta el fin de mis días.

La luz de su ejemplo, cada día, brilla en mi cabeza en más de una ocasión.

Fue mi segunda madre, y siempre estuvo ahí.

Vio mi primera caída cuando caminaba errante, aferrándome a las paredes, con el miedo y la curiosidad del bebé que era. Aún recuerdo su cara de horror, y ese grito corto y ahogado que siempre la caracterizó, y que a veces nos hacía reír, a la vez que me tendía los brazos para levantarme.

También son nítidos mis recuerdos de cuando una vez, muchos años después, le comuniqué que contraería matrimonio con la que hoy es mi esposa... cuanta dicha dibujó en aquel momento esa cara ajada por las arrugas, que una vida injusta de trabajo y abnegación, le habían acentuado.

Mi Tía María fue la persona que cada niño debería tener a su lado mientras crece.

Su figura fue la bendición que mis hermanos y yo tuvimos la suerte de compartir.

Nuestros talantes de hoy, ya hombres y mujeres, no han perdido la marca de su forja, y entre las pocas cosas que me atrevo a asegurar, escarmentado por los golpes que nos hace encajar la vida, es que ninguno de nosotros la borrará de su recuerdo... jamás.

Nunca la vimos de mal humor, era humilde y abnegada, muy religiosa. Verla rezar en silencio aquel rosario de cuentas de marfil me acercó mucho más a Dios de lo que la hipócrita retórica de un sin fin de sacerdotes que pasaron por mi vida, fueron capaces de hacerlo.

La recuerdo ofreciendo a todos su sonrisa... ayudando a las tareas domésticas hasta muy avanzada edad, y siempre estuvo allí... en mi suerte y mi desgracia... conmigo... arropándome entre sus cansados brazos.

Perdió a sus padres siendo muy joven, y solía comentar que había llorado tanto por su pérdida que no le quedaban más lágrimas. Y es cierto... nunca la vimos llorar.

Trabajó mucho en su juventud, y desde que se instaló con nosotros dedicó, por completo, su vida a mi familia. Cuidaba sin tregua de mí y de mis hermanos, sin recibir más pago que nuestras inocentes sonrisas.

Como digo, vivió para y por nosotros, y hasta para morir supo buscar el momento oportuno. Lo hizo cuando creyó que se había convertido en prescindible para todos.

Tita María... si supieras cuánto te añoro, y cuánto me arrepiento de mi ingratitud hacia ti, por no haber tenido la decencia de compartir algunos de los momentos de tu larga agonía.

Hoy vuelvo la vista atrás, y a pesar de todo, hay pocas cosas de mi vida que cambiaría, si me diesen la oportunidad.

Sin embargo, mi actitud hacia ti, en aquellos momentos de soledad y dolor, en que tanto necesitabas de todos nosotros, te aseguro que sería otra bien distinta. Pero eso es imposible. Es por ello que me parece justa la penitencia de sentir, a diario, junto a la luz de tu recuerdo, el peso de mi ingratitud.

Mi querida Tía... feliz día de tu santo.

Gracias por enseñarme a leer.

Fui un niño muy vago. Qué si no, se podía esperar del infante ascendente del hombre que ahora soy...un hombre enfermizamente vago.

Para realizar cualquier tarea, por mucho que disfrute en su desarrollo.... me exaspero conmigo mismo por lo que me cuesta emprenderla.

Si bien no quiero aburrir al respecto, no es mi intención.

Apelaba a este carácter mío, ciertamente, tan poco interesante, para resaltar la encomiable y paciente labor de todos aquellos docentes del mundo de la enseñanza, que durante mi más tierna niñez, la suerte los maltrató encomendándoles la formación de un escolar como yo, con tan poca disposición para aprender.

Todos ellos, en general, se ganaron su merecido salario, instruyéndome en la medida que me dejaba instruir, y dándome un trato excepcional y digno de elogio, dado la clase de zoquete con el que trataban.

Sin embargo hoy, cuando ya pasaron varias décadas de aquella época en que fui un escolar tan difícil de formar, me siento ante una cuartilla en blanco y me sube a la memoria un profesor, el primero en mis recuerdos, y del que soy, sin él saberlo, deudor de por vida.

Si existe algo inmaterial que realmente ame en este mundo, ese algo es la palabra. De cualquier modo, escrita o leída.

Tomar un buen libro entre mis manos, exprimir hasta la saciedad todo su contenido, desarrollar en mi cerebro las conclusiones a las que nos invita su autor…. vivir un rato en la piel y en la mente de cada uno de sus personajes… todo ello… todo ello me apasiona.

Y escribir… vaciar mi mente y mi alma sobre mi escritorio… gritar en silencio, y pensar que mi grito será eterno… que en alguna parte… por siempre… quedará plasmado sobre un papel, quizá cuarteado y amarillo, mi fruto... mis pareceres... erróneos y egoístas... pero míos.

Pensar que puedo escribir lo que no sé, o lo que no me atrevo a decir, que puedo dejar volar mi fantasía... y parir una historia... y modelar los acontecimientos a mí antojo... todo ello me llena de dicha, y me ayuda a vivir, me aporta esa libertad que ninguna sociedad es capaz de proporcionarme.

Aquel maestro... el único hombre en la tierra y en mi vida al que temí, es el artífice de todo ello, me enseñó, entre buenas palabras, con la constancia que mi corto entender necesitaba, y con alguna que otra colleja, siempre merecida... cómo se leía un libro... cómo se formaba una palabra... cómo se le encontraba el sentido a una frase.

Don Eduardo me enseñó a leer y escribir... con mucho trabajo... con mucha paciencia.

El me hizo ver toda la vida que encierran los libros, y me dio las herramientas para manejar las palabras y descubrir toda la magia que guardan dentro.

No sé qué habrá sido de aquél, mi primer maestro, lo que sí sé es que hoy día, cuando los alumnos son noticia por perder el respeto a sus profesores, me viene él al recuerdo, y de corazón, le agradeceré eternamente aquellas entrañables collejas.

Hay un fantasma en mi trabajo.

Hay un fantasma en mi trabajo. Sí... decididamente es así... pero no me refiero a los de carne y hueso, que también, pero ya todos estamos acostumbrados a convivir con ellos. Este es uno de verdad... de esos con que atemorizan a los niños pequeños... de esos que arrancan un agudo grito en las féminas de las películas de miedo.

Es curioso, me gusta saber de su existencia... me agrada pensar que algún día tratará de amedrentarme, imponiéndome su etérea presencia. Me produce un desasosiego entrañable, el encontrarme, eso sí, el día menos pensado, y al abrigo de una oscuridad relativa, que permita a mi cansada vista, mortificada por las dioptrías, apreciar, siquiera, alguno de esos rasgos que lo hacen tenebroso.

Por lo que escuché de los que le vieron, desfila ataviado con capa y sombrero, deslizándose digno y con el porte de un caballero por entre los pasillos. Me impacienta el conocerlo... quizá sea el Capitán Alatriste, ése cuyas aventuras, contadas por Pérez

Reverte, tan buenos ratos me proporcionaron... ése que sabía hacer de la batalla un arte. O quizás sea un mosquetero enviado por Alejandro Dumas.

O, a lo peor, no es como pienso, y se trata de un fantasma sin abolengo alguno... de cualquier manera me gustaría conocerlo, tengo curiosidad por preguntarle cómo se adquiere tal condición... la de fantasma. Le preguntaría si vio la luz al final del túnel... si le recibió San Pedro con un manojo de llaves... en fin, esas cosas que le podría aclarar a un mortal, como yo, un fantasma como él.

Pero lo que me deja más perplejo, es que se escape del más allá, o de donde estuviera, para venirse a asustar a mis pobres compañeros y compañeras, que no teniendo bastante con las amenazas de la crisis, el paro, los jefes... y hasta Zapatero, (que cada vez es más amenaza), deben soportar, encima, su terrible presencia.

Me gustaría encontrármelo... en serio... porque sí... porque no me dan más miedo los muertos que los vivos... y porque tengo muchas ganas de saber cómo tiene el aplomo de venirse a asustar a un sitio como este, que es, ya sin fantasma, y da mucho miedo.

Me anima mucho su presencia... su aliento inmaterial tras mi pescuezo, me recuerda que estoy vivo, y que el pobre desgraciado que con una capa y un sombrero de ala tengo tras de mí, ya no disfrutará de un buen vino... jamás... ni de una mujer hermosa... ni de una puesta de sol.

Quizá sea la envidia insana la que le hace tratar de asustarme en vano.

Bien sabe el espectro que no lo conseguirá... mi vida está tan acostumbrada a lo material, que una presencia que me confirme que llevo dentro un alma que puede brillar con luz propia, en un futuro más o menos lejano, lejos de asustarme, me alejaría de la desesperanza, que hoy cae sobre mí como una negra garra, y me haría plantearme el llenar unos cuantos vacíos que encuentro en mí, y que deberían llenar eso... la esencia de la persona.

Por eso amigo Fantasma, si quieres, asústame, sabes dónde encontrarme, por desgracia no son pocas las horas que paso allí... en mi trabajo.

Mi viejo reloj de pulsera.

Hace muchos años que lo guardo en un cajón. Está desfasado ya, lo utilicé tiempo atrás, sin embargo un buen día decidí que no lo volvería a usar. Fue el regalo que un gran hombre una vez me hizo, y representaba demasiado para mí, tenía miedo que acabase deteriorado.

Mi Padre era aquel hombre... aquél que hace años tuvo a bien obsequiarme con tan maravilloso reloj.

Lo guardo en mi pequeño despacho, en el primer cajón, a mi derecha. Me fortalece saber que está a salvo, a buen recaudo... Es como el talismán del bien hacer...como si aquel reloj me dictase siempre la manera de no salirme de lo correcto.

Su dueño, aquel gran hombre, al que admiro y respeto, y que ni la cruel constancia de los años ha logrado arrebatarle ese porte y esa manera de ser que lo coronan como un señor, como un caballero, me lo regaló un buen día. Era caro entonces... muy caro, pero no dudó en ofrecérmelo como una pequeña herencia en vida.

Me lo dio gustoso... satisfecho, con el deseo expreso de que adornase a menudo mi muñeca. El nunca lo utilizó. Hacerlo no iba con su condición austera. Me lo entregó a sabiendas de que con frecuencia lo luciría, (la sencillez no es una de las virtudes que de él heredé).

Cuando me lo veía abrazando mi muñeca, (que era a menudo), lo observaba atento unos minutos, y luego me miraba y me regalaba una sonrisa satisfecha.

Mi Padre es un gran hombre... uno de los mejores hombres que he conocido, y no me causa pavor el decirlo.

Gracias Papá por regalarme aquel hermoso reloj con correa de piel. A lo largo de mi vida he tenido la suerte de lucir algunos otros relojes que me costaron mucho dinero, pero jamás he tenido ni tendré ninguno tan valioso como aquél.

Telebasura.

Siempre me gustaron las palabras más que las imágenes. Siempre preferí un buen libro a una buena película. Siempre encontré en ésto, en darle a la letra, una solución para invertir el escaso tiempo libre de que dispongo.

Sin embargo, soy ciudadano de este siglo, y como tal, me veo presa asidua, en determinados momentos, de las mermas que esta sociedad me aporta. Mermas tales como las que producen, en mis cansadas neuronas, esos programas de televisión tan absurdos, y que, sin embargo, no sabría explicar con certeza el por qué, acaban por engancharme, convirtiéndose en unos de mis pequeños vicios o adicciones.

Por supuesto, como declaro, no los considero programas de interés alguno. En silencio los critico, y me critico a mí mismo por dejarme amarrar a tanta necedad.

La única excusa que encuentro cuando me auto flagelo con el pensamiento de que estoy perdiendo mi valioso tiempo con tanta banalidad, es que viéndolos podría vilipendiarlos a mi gusto en este u otro medio similar.

Por ello, yo que siempre soy fiel a una promesa, y aún con más énfasis, cuando me la hago a mí mismo, voy a empezar despotricando a mi gusto sobre uno de ellos.

Con el título de "Mujeres y hombres o viceversa", presentan un programa, en el que generalmente, un montón de señoritas, se presentan como pretendientes de un señor, en ocasiones rebotado de otro reality show, sobre el que en alguna otra ocasión hablaré, otras veces candidato electo de entre unos cuantos figurines de dientes blancos, que formaron parte de algún anuncio de publicidad, y que desesperados por no poder acceder al mundo del famoseo y del dinero fácil, se prestan a cualquier cosa con tal de hacerse ver y conocer. Con tal de que mañana los llamen y eso sí, después de pasar por caja, se sienten en un plató y suelten una sarta de imbecilidades, interrogados por un puñado de periodistas que quizás alguna vez fueron inteligentes y dignos, pero que ya se les ha olvidado aquellos idílicos principios con los que justificaron el sacrificio que les supuso el concluir tan dificultosa carrera, para venderse al mejor postor, en este caso, una sociedad donde imperan huelemierdas que como yo, (aunque afortunadamente sólo sea en muy determinados momentos), nos dejamos abducir por las miserias o triunfos ajenos.

Como decía, antes de irme por las ramas explicando mi inmadura postura ante una televisión tan degradante, aquellas jóvenes, que la mayor parte de las veces son de medianamente agraciadas para arriba, y que de no ser porque también les pone el mundo de los programas del corazón , y adquirir una fama, y una posición social, nunca más literalmente dicho, por toda la jeta, no se comprendería que se prestaran, en ocasiones, a suplicar el amor de individuos, física e intelectualmente, de una considerable menor valía que ellas, buscando desesperadamente convertirse en la candidata electa, en la reina de un peculiar harén, donde un rey necio, besándola en los labios, mintiendo con bellaquería en nombre del amor, le ofrece el pasaporte a esa, tan deseada fama, sin entender que ésta la lleve a pertenecer a una vida pública donde seguramente sean exaltadas más por sus carencias que por sus logros, precisamente por ello, porque están en boca de todos los absurdos medios del corazón, sin que nadie sepa qué mérito atribuirles.

Lo siento, reconozco que veo con frecuencia este programa porque por necesidades suelo almorzar tarde, y mi soledad es apaciguada con el soniquete de mi televisor, que debo reconocerle que sí, que hace compañía, pero yo que siempre fui un romántico de esos que piensan que a las mujeres deben enamorarlas los hombres, y cortejarlas como merecen, (llámenme machista, retrógrado o como les plazca), me produce un terrible ardor de tripas esta afrenta contra el romanticismo y la galantería, atentando contra estos, que considero valores, la prepotencia del elector, que sin entender muy bien por qué, llaman cronista, y la manera en que una serie de asesores distribuídos entre el público, aportan en voz alta sus opiniones, delante de las candidatas y el elector, en este extraño romance sin sentido.

Todo empezó con un juego de niños.

Todo empezó con un juego de niños, sí, lo que éramos tú y yo cuando comenzó aquella historia de amor...nuestra historia de amor, que perduró y perdura en el tiempo y su implacable látigo.

En aquella vieja taberna entre barricas olvidadas de maderas nobles, respirando ese olor añejo que tan especial hacía a aquel sitio, y que se pegaba al paladar. Aquel era nuestro lugar, donde después de aquella vez... aquella primera vez, en que jugando a quemar cerillas empezamos a cruzar miradas, a ser mayores, y a sentir el despertar del deseo, tantas veces nos dio albergue, dejando que te arrancara un beso al principio y un manojo de ellos después. Donde hicimos un futuro tantas veces, y otras tantas no quisimos ni oír hablar de él.

Aquella vieja bodega donde descubrimos el cielo, donde tocamos la gloria de nuestros adolescentes amores que cada día se hacían más sólidos y maduros.

Hoy la recuerdo... en esta noche... muchos... muchos años después. Aquel santuario para nuestros corazones, donde quemábamos las tardes, en la compañía de una cerveza y un cigarrillo moribundo, sin compartirlas con nadie, sin que nadie robara la atención a nuestros ojos, cuyos únicos anhelos eran clavarse en los del otro.

Cuánto amor derramamos en aquella taberna, escondidos entre aquellas barricas, al abrigo de las cuales se fraguaba la intención de una mano furtiva que no quería entender de límites.

Cuánto hemos cambiado desde entonces, y cuántas cosas hemos vivido juntos. Cuántas veces la vida ha jugado con nosotros, y nos ha sometido a la tortura de sus caprichos.

Afortunadamente, en esta, nuestra historia, ha podido el amor sobre todas las cosas... sobre el frío miedo y sobre la oscura duda, él siempre prevaleció, él siempre salió victorioso. Y, sabes, si la vida me diera la oportunidad de volver al principio de algo, yo elegiría volver a quemar unas cerillas en aquella taberna, y luego volver a besarte suave en tus labios, confusos... pero enamorados.

Sucedió por segunda vez.

A menudo pensé al respecto. Quise creer que la crueldad no se cebaría con nosotros... que el destino se mostraría piadoso... que el desenlace de esta, nuestra nueva historia, no sería el mismo... sería cualquier otro... pero jamás... nunca... el mismo.

Esta segunda vez defendí la teoría de que la mano de Dios no era responsable de nuestro dolor... lo fácil hubiera sido hacerlo, al menos tendría hacia quien enfocar mi rabia... pero no... no era justo culparle... desde la primera vez sentencié que el cielo no son más que nubes, y que no hay más dios que la suerte, y ésta es, caprichosa, despiadada e inconsciente.

Sea de la manera que fuere ocurrió. Y aquí me hallo otra vez, emborronando insípidas cuartillas con el fruto de mi pena.

Es pena... sí... lo es, pero nada comparable a la vez anterior... la primera vez... aquélla que me dolió mucho más... aquélla que me dolió como nada jamás me ha dolido.

Aquella primera vez... cuando se rompió mi alma... cuando lloré de impotencia y se me escondió la voz. Cuando intenté, en vano, vender mi corazón a un dios o a un demonio, a cambio de la promesa de que aquella débil forma, que ya tenía vida, siguiese fraguándose en tus entrañas, y acabara siendo la luz que anhelábamos.

Pero no fue así... mis plegarias no fueron atendidas, ni mi llanto conmovió, y nuestro fruto terminó quebrándose sin remedio.

Aquél maldito día dejé de ser lo que hasta entonces había sido, y la vida, de significar... para mí... lo que hasta aquel momento había significado.

La segunda vez ya no hubo llanto... ni enmudecí... la segunda vez no recé... ni traté de empeñar mi alma... para qué... tampoco estaba seguro si aún tenía un alma que ofrecer.

Curiosamente todo pasó más rápido... incluso el dolor fue mucho menor y más aséptico.

La segunda vez fui más pragmático... y me di cuenta de que, a veces, ayuda más la desesperanza que la fe.

Comprendí, que para ser feliz en la vida sólo ha de existir el presente, porque ello es todo lo que nos quedará, así como la poca felicidad que le arranquemos, siempre que lo vivamos intensamente, con toda la fuerza y con toda la ilusión que aún no nos haya robado el pasado.

Raquel la pescadora.

Cuando todos duermen, arrullados por una madrugada en que la ventisca arrecia en la mar, Raquel se calza unas botas verdes de pescadora, de lo que es…. pescadora, un oficio antiguo y noble, un oficio duro, un oficio que no es fácil de ejercer… para nadie… cruel y mal pagado.

A Raquel nada le amedranta, tiene demasiados motivos para haber elegido ese camino, porque le debe la vida al mar… y es consciente… que quizás el día menos pensado éste le pase factura.

Cada madrugada salta a las aguas de su Mediterráneo, al abrigo de su viejo barco, el que le dio cobijo, el que supo ser lo más parecido a ese padre, que nunca conoció y que siempre añoró.

Sabe moverse, lo hace con soltura por la inquieta cubierta, junto con otros… hombres… sus compañeros, que la conocen muy bien, y la tratan como a un igual, sin privilegios ni desventajas, a pesar de su escultural silueta… a pesar de sus ojos verdes y rasgados, que tienen la facultad de cambiar de color en los amaneceres… a pesar de su larga y rizada melena rubia, más propia de una diosa que de una mortal.

Raquel navega en su mar como el marino intrépido que es, guardando sus largas uñas pintadas con delicadeza y esmero, bajo unos toscos guantes de goma, y se dispone a ganarse la vida en esas aguas, llenas de retos y peligros, porque no sabe hacer otra cosa, y eso lo hace muy bien... porque eligió ser pescadora... hace mucho... mucho tiempo... desde muy niña, y porque el mar fue el único que supo entenderla y ofrecerle una oportunidad.

Ocupa su puesto, y aún siendo mujer, los que pescan junto a ella la respetan más que a muchos hombres, porque saben que en un oficio donde la vida pende de un hilo más veces de las que aparenta, ella sabe actuar... sabe defenderse del destino y de la furia de las aguas, y sabe asumir su papel, el del marino de bandera que es, y sabrá... sin dudarlo... jugársela por una buena pesquera.

Cuando el mar ruge bravo sabe plantarle cara. El patrón de la embarcación en la que faena puede dar fe de ello, él y esos compañeros de la mar, que fueron testigos de cómo soportó una noche entera el ímpetu de una marejada de levante, atada por la cintura, con el rostro enterrado en sus rubias guedejas, y sin cesar en su lucha por salvar las redes y los frutos del mar que éstas contenían... gritando más que nadie... aferrada a esa polea que, atascada, amenazaba con perder toda la pesca de una dura noche, hasta que pudieron auxiliarle y le ayudaron a solventar la situación.

Pocas horas después de desembarcar y darse una ducha, acudía a la escuela de enfermería donde cursa estudios… como si nada hubiese ocurrido… como si horas antes hubiese estado sumida en un sueño placentero.

Cuando sus compañeras de estudios llenas de ojeras por el no saber madrugar, comentan agobiadas lo dura que les parece la vida, desconociendo como se la gana Raquel, ella no puede menos que sonreírles, y asentir, mientras piensa para sí: "No tenéis ni puñetera idea"

En una noche de viento.

Es una noche de viento.

Es una de esas noches en la que añoro los ojos de una mujer hermosa… cercana y tibia… y abordar su mirada profunda en un duelo sin final donde sólo ambos podemos resultar victoriosos.

Una mujer de cabellera rizada y recia... da igual los matices del color... estas noches las guarda mi recuerdo en blanco y negro... y eso sólo son detalles.

Una mujer hermosa... medianamente inteligente... que además de arreglarme el cuerpo, con sus sensuales formas, me arregle mi alma, vieja y encallecida, maltrecha quizá, por las secuelas de las viejas heridas.

Conversar con ella... mientras un Jack Daniel me abrasa la garganta y me arrecia la voz... perderme en su mirada... y escuchar los gestos de sus manos, largas y delicadas, que dicen mucho más que un montón de palabras.

Deleitarme con la sensualidad de un tango... bajito... muy bajito... mientras disfruto del aroma de hembra y canela que ella exhala... ese aroma dulzón, que me embriaga y que me ofusca los sentidos.

Soñar que mi corazón late todavía... que escapó de aquel templo de hielo en que postrado languidecía, día tras día... noche tras noche.

Necesito su aliento cercano que, como una brisa, me ayude a recordar aquél hombre que fui... aquel hombre que nunca dejé de ser.

Eso... no más que eso... necesito esta noche de viento.

Las musas de un escritor.

Hablemos de lo que ocurre cuando la luna arroja sus tentáculos de luz desde el cielo, convirtiendo lo que fue día en noche, y desnudando el alma de un poeta sentado ante una vieja máquina de escribir.

Pensemos en lo que ocurre cuando sus musas, ataviadas con sus más sensuales prendas, lo visitan en su rincón vetado al mundo.

De ello puede surgir cualquier cosa. Desde unos insustanciales versos, sin magia ni dignidad, hasta la mejor historia jamás escrita.

Desde la suavidad de aquellas ajadas teclas de una vieja Underwood, heridas por los insistentes dedos del contador de historias, que cada noche, en un alarde de sentirse libre, derrama su mente, ya abierta y sin fronteras, a ese mundo a que lo arrastran sus incondicionales... sus hermosas y efímeras musas, para vivir junto con ellas una historia nueva, lejos de la que arranca, dibujada de monotonía, cada mañana, a manos de un insulso despertador que le conmina a comenzar otra jornada laboral, infructuosa, y a rebosar de tedio.

Una historia semejante a la de cualquier otro, pero jamás, ni siquiera parecida a la suya.

Una historia donde su pluma y su imaginación sean las protagonistas... una historia donde la noche lo encubra de la realidad... y por supuesto... esas encantadoras musas lo acompañen de la mano a una dimensión tan lejana que sea propicia para empezar a escribir esa... la primera entre las primeras... la mejor historia del mundo.

Soy libre como ellos.

He leído en el blog de un amigo, días atrás, que se sentía mucho más libre que yo porque eligió una vida muy distinta a la mía. El la catalogó de antagónica, y entre alguna de las lindezas y sandeces que se refería a mí como cabeza de turco, y a unos pocos más de amigos que suscribían mi postura, nos acusó de opresores, de no saber respetar las almas libres como él, y acusarlos, casi vejarlos, por haber elegido aquel modo de vida.

Me hizo entender que yo no era el tipo de persona con quien él llegaría a compartir camino y experiencia, porque estaba a años luz de ser transigente con sus ideales.

Como me molestó tanto que me situara donde lo había hecho, y quizá se le fue la lengua un poco incluyendo algunas palabras malsonantes, confieso que me acaloré demasiado leyéndolo, y le prometí una entrada en mi blog en el que lo pondría en su sitio.

Sin embargo, se quedó dando vueltas en mi cabeza la palabra intransigencia, y se me vino a la mente un pueblecito, en la costa oriental malagueña, que se llama Maro, donde a mi santa, (esa que me ata y que me lee los mensajes del móvil, según suscribe mi amigo, el oriental errante), y a mí nos gusta perdernos cuando nuestro esclavizador modo de vida nos lo permite.

Una de las cosas que más nos gusta hacer en aquel lugar, es dejarnos caer por aquellas playas, casi vírgenes y de difícil acceso, y al hacerlo, no tenemos más remedio que convivir con una comuna de trotamundos, hippies, o como quiera llamarlos mi vecino de blog, que andan en pelotas por entre los acantilados, y es cierto que por momentos los he envidiado.

Esa comunidad preciosa, donde se rigen por unas pocas reglas, nacidas más del sentido común que de la mente de algún líder iluminado.

En esa comunidad tan peculiar, ni hay nadie sucio y lleno de barro, ni jamás los he visto mendigar, sólo cobran por su trabajo, y merece la pena pagarles. Cultivan improvisados huertos en las montañas colindantes, imparten clases de yoga, y las chicas dan masajes, pero con toda profesionalidad, y si algún despistado piensa que están ofreciendo algo distinto de lo que venden, ellas, sin necesidad de la ayuda de ningún hombre de la comunidad, son capaces de aclarar la situación.

Trabajan de sol a sol, eso sí, siempre disfrutando de la naturaleza, ella es su biblia, una biblia a la que cuidan y de la que siguen su dictado, y ello hace que con más motivo les brinde mi respeto.

Cuando llega la noche montan un espectáculo en la plaza del pueblo que es digno de elogio, entretienen a los niños con sus marionetas y a los mayores con sus bailes.

Me encanta visitarlos, lo hago siempre que puedo, y otra cosa que admiro de ellos es que siempre tienen una sonrisa para ti.

Sin embargo, amigo Popochan, se les ve sumamente felices, pero libres Popo... aunque discrepes... son casi tan libres como yo y no menos libres que tú.

Como hombre de palabra que soy, aquí está la entrada prometida, pensé dejar caer alguna mala palabra, pero recordando estas vivencias se me ha endulzado el carácter, quizás en otra ocasión, que sin duda la habrá, porque ninguno de los dos somos muy de callarnos.

Espero ansioso tu próximo tema que cree polémica, que allí estaré, haciéndote la guerra si lo merece, eso sí, desde el cariño, y espero que así lo entiendas.

Cuando falta el amor.

Cuando falta el amor ya no nos queda nada.

Los sentidos se apagan, como los yermos campos, que fértiles vergeles fueron al albergarnos.

Cuando el amor se marcha cobra vida la muerte en nuestras almas, es fecunda la ausencia y la desesperanza. Se instala la agonía en el vacío que deja, y huye la poesía, con él se van las musas a tentar con sus encantos a otros, que se atrevan a amarlas.

Cuando no queda amor... la vida ya no es vida, es tan sólo añoranza.

Si no nos queda amor… si no nos queda amor ya no nos queda nada.

Se apaga el cielo azul tornándose de luto… el mar se vuelve gris… las tórtolas se ocultan perdiéndose su arrullo.

Las flores agonizan… el murmullo del bosque se vuelve sordo y triste, las palabras, que ayer lo fueron todo, se convierten en nada.

Las miradas son lánguidas… cuando falta el amor y nuestras almas… no son más que nidos de dolorosas punzadas.

Y es que cuando el amor se va… cuando falta el amor… ya no… ya no nos queda nada.

La maestra de escuela.

Que pude haber dicho de aquella mujer… que pude decir y no dije en aquella ocasión.

Le debo al menos eso… unas palabras.

Estábamos todos allí reunidos, en aquél hermoso salón de ceremonias, disfrutando de un singular acontecimiento para ella, para todos nosotros… los que somos sus hijos naturales, y los centenares…

miles, que sin ser naturales también se sintieron sus hijos.

Observaba en silencio a aquella maestra. Su rostro dibujaba una media sonrisa emocionada, y sus ojos, brillantes, paseaban las lágrimas en las barcas de sus párpados.

Algunos de los presentes pronunciaron palabras emotivas y de agradecimiento, mencionando su gran compañerismo, su bien hacer… etc. Sin embargo, nada de lo allí pronunciado, nada le que allí escuché, podía reflejar con objetividad todo lo que albergaba aquella mujer… todo lo que mi corazón me dictaba sobre ella.

Fue entonces cuando decidí que mi pluma, que tiene la extraña peculiaridad de escribir lo que siento, y no lo que pienso, debería, antes o después, pronunciarse al respecto.

No tuve la capacidad, en aquel momento y lugar, dadas las circunstancias, a absorberme lo necesario para plasmar en un papel el dictado de mi alma, pero hoy, un montón de años después, me visita el recuerdo de aquél día, que me invita, insistente, a saldar mi vieja deuda.

Aquella mujer empezó desde muy joven a ejercer como maestra, primero fue destinada a algún pequeño pueblo de la geografía andaluza, donde empezó a desarrollar su profesión con la considerable carencia de experiencia de quien empieza algo, pero que sin duda era suplida por la enorme vocación que tenía por su oficio, el más hermoso del mundo, forjar hombres y mujeres, enseñarles de los libros y de la vida, y agarrarles fuerte de la mano para evitar que al crecer se pierdan y se salgan del camino de lo correcto.

Supo en todo momento afrontar con éxito todas las situaciones, que aquellas personitas, que con frecuencia saben de la crueldad más que muchos adultos, tuvieron a bien propiciarle.

Su gran labor durante todos estos años fue perceptible para mí, cuando jóvenes y mayores, que nada sabían de mi natural devoción por ella, comentaban entusiasmados las vivencias de cuando fueron alumnos de aquella "Señorita Isabel" a la que yo tan bien, y tan a fondo conocía, cubriéndola siempre de halagos y sin mencionar nada que pudiera reprochársele.

La Señorita Isabel hacía hijos suyos a todos aquellos alumnos que tuvieron la suerte y el honor, de aprender de ella y con ella... día a día... de los libros y de la vida, que es como debe enseñar un buen maestro.

Aquella mujer, que era tan capaz de derramar una lágrima, como de esgrimir lo más fiero de su carácter, cuando la ocasión lo exigía, enseñó a sus alumnos, a mí y a mis hermanos, con toda la dulzura que era capaz de derramar cuando se lo proponía, a afrontar la vida limpiamente... mirándola a los ojos... agarrándola por el cuello si era necesario.

Nos enseñó que muchas veces hay que gritar fuerte y no callar, porque en ocasiones es un pesado lastre el peso del silencio... nos hizo apreciar lo que vale el honor y el orgullo... en su justa medida... haciéndonos ver que no vale más que el amor y la vida.

La Señorita Isabel fue la mejor maestra que nunca nadie pudo haber tenido, y la madre que cualquier niño hubiera soñado tener.

Hoy me mira con sus ojos altivos... con el deje socarrón de la inmodestia merecida, de una gran mujer a la que nunca venció la vida... en ningún momento... en ninguna situación.

Sentirme tu hijo me hace fuerte, me llena de honor.

Estoy tan orgulloso de ti que las lágrimas me suben a los ojos.

De héroes y villanos.

Hoy recuerdo mi adolescencia... durante un viaje que organizó mi colegio de entonces.

Había una pareja de hermanos gemelos. Eran de esos niños tan típicos, que a la vista de los profesores eran próceres, y el resto de los alumnos, sobre todo los menos capacitados, solían hacer mofa de sus proezas académicas, movidos generalmente por esa envidia que el ser humano desarrolla y a ciertas edades no es capaz de controlar.

Como explicaba, aquella pareja de eruditos escolares estaban disfrutando de aquel viaje cultural, promovido por el colegio, ambos compartían habitación, y era la contigua a la que yo ocupaba.

Una noche, a la vuelta de la discoteca del hotel, donde solíamos cobijarnos para disfrutar de nuestras primeras y furtivas caricias a las mujeres, del tabaco y del alcohol, no necesariamente por ese orden, observé que una pequeña multitud se apiñaba en la puerta de la habitación que compartían los gemelos.

Me abrí paso entre los mirones, y la visión de lo que estaba aconteciendo en aquella habitación hizo que algo en mí se removiera. El matón de la clase, que también es genuino de todos los colegios y de todos los tiempos, se cebaba con ambos, utilizándolos para evidenciar su poderío ante el resto de mirones, agrediéndoles, insultándoles, y humillándoles sin piedad.

Algo muy dentro me empujó a ocupar el centro del escenario. Los gemelos me miraron con una cara dibujada del peor de los sufrimientos, que es el sufrimiento de aquél que se siente sometido y sin ánimos para evitarlo. Las lágrimas corrían por las mejillas de ambos, sus llantos eran callados, resignados a soportar aquellas vejaciones como el lastre que conllevaba el perfil de aquéllos que en su juventud eligieron formarse antes que relacionarse.

Entonces agarré enérgicamente por las solapas al matón, casi levantándolo en peso, y dos palabras me salieron de muy dentro, sin tan siquiera darme cuenta de que las había dicho hasta que las escuché, fue como un acto reflejo. – "Inténtalo conmigo"- le dije.

Sentí como un montón de miradas se me clavaban… fui consciente de que acababa de asumir una responsabilidad que en aquel entonces podía costarme cara, pero ya no había marcha atrás.

El matón me miró con la cara de un niño al que arrebatas un juguete, pero era tan sólida mi determinación que no tuvo el valor ni de sostenerme la mirada. Simplemente se marchó.

De inmediato se diluyó la agrupación de mirones, y los dos agredidos me miraron en silencio. No me dieron las gracias, pero no fue necesario, sus miradas estaban rebosantes de agradecimiento, cualquiera, por necio que fuese, podía leerlo en sus ojos.

Aquella noche no entendí muy bien qué había ocurrido, sin embargo me fui a la cama sintiéndome mucho mejor que de costumbre.

Aquella noche, y por primera vez en mi vida, había defendido una causa, que creía justa, desinteresadamente, al poco lo comprendí, y también comprendí que ese tipo de comportamiento, aunque nunca aporta nada tangible, sí te fortalece como persona, te aporta humanidad en una sociedad que está muy necesitada de ella.

Hoy, oyendo las noticias, viendo los atropellos que sufren los más débiles, recuerdo aquella historia de mi pasado, y me doy cuenta que todas nuestras vidas estarían un poco más llenas si abanderásemos algún compromiso.

Hay cientos de situaciones... hay multitud de causas que necesitan de la valentía de aquél joven de ayer, que se jugó todo su mundo y su integridad por evitar el atropello del fuerte sobre el débil.

Hoy, ese joven de entonces maduró, y todos los que entonces fueron jóvenes también maduraron. Hoy todos nosotros sí sabemos explicar que ocurrió entonces, y sabemos que es lo que deberíamos haber aprendido de la nobleza de aquel adolescente.

Sin embargo, somos demasiado cobardes para enfrentarnos a los matones de entonces, que desgraciadamente también cumplieron años con nosotros, y que muchos de ellos que no fueron aleccionados, crecieron y con ellos su soberbia. Hoy ocupan lugares destacados, desde donde reparten chulería y prepotencia por doquier, y engrandecidos por nuestra mala costumbre de mirar para otro lado cuando su mierda no nos salpica, creyendo que tenemos que proteger lo nuestro, y pensando erróneamente que así lo estamos protegiendo, van tejiendo sus telas y enmarañando nuestras vidas, y lo que más duele, nuestra libertad y nuestro futuro.

Deberíamos recordar que antaño fuimos muy valientes... deberíamos enseñarle los dientes a esos bravucones crecidos, y hacerles ver que nuestro país... que nuestro mundo... nos pertenece a todos, y que si ellos son capaces de vejarlos, nosotros nos sentimos muy capaces de levantarlos por las solapas y así acallar su fanfarronería.

Un pueblo al que pertenecer.

Hace un montón de años. Quizás demasiados para que el recuerdo sea capaz de asimilar los detalles de aquellos tiempos... de aquellos lugares.

Era un niño. Afanado por ver todo del mundo... y más aún afanado por conocer aquellos rincones del campo... aquellas gentes, que moraban en encaladas casas construidas a orillas de un laberinto de empinadas cuestas, y que arropadas como en un abrazo por aquella serranía que cada primavera se convertía en un vergel hechizante, conformaban un pueblo... mi pueblo... o al menos el que mi sentimiento hubiera deseado como cuna.

Compartí aquel verano con los habitantes de dicho municipio.... Pero en particular con dos chiquillos, a los que hice por unos pocos meses mis compañeros de juegos y correrías. Chavales humildes y nobles que me enseñaron el valor de la tierra y la amistad, así como a entender el respeto que el ser humano debe a la naturaleza.

Llegó el final del verano… mis infantiles lágrimas acudieron a mis ojos cuando hube de separarme de Miguel y Salvador, pero el zigzagueo del accidentado camino por el que fui abandonando aquel pueblo y con ello aquel maravilloso verano, fue apagando mi llantina y albergando mis felices vivencias en el recuerdo.

Pasaron después muchos años… casi treinta, años en que la vida dibujó nuestros caminos con más o menos obstáculos… con sus puñados, sin medida, de penas y glorias que la perfilan injusta y caprichosa… mi camino… el de mis amigos de la infancia… aquellos niños de los que nunca más supe después de aquel verano.

Un día volví al pueblo. Tuve que hacerlo para acudir al funeral de mi tío, otro hijo adoptivo de aquella comarca, que siempre entendió por paz lo que representaban aquellas tierras.

De pronto alguien me abordó por una de aquellas calles, que como dibujadas en un lienzo permanecían impasibles al tiempo y derramando la misma solera embriagadora de cuando las exploraba con la curiosidad de un zagal.

Era mi amigo Salvador, quien portaba una niña en sus hombros... era su hija pequeña.

Mi amigo, su hija y yo paseamos por la falda de la sierra, y me explicó como consagró su vida a aquel pueblo... como eligió a su esposa y educó a su hija sin abandonar aquella tierra que le vio nacer... me contó cómo vivía y de qué... como crecía su hija sana y alegre. Se notaba un hombre contento, un hombre que no pedía a la vida un ápice más de lo que ésta le había otorgado.

Más por cortesía que por necesidad guardó silencio un momento y me interrogó. – ¿Y tú qué tienes que contarme?

Yo me quedé perplejo... viajé, conocí otros pueblos y ciudades... aprendí sobre las nuevas tecnologías... pero aún así... no tenía nada que contarle que él necesitara... o que él mereciera saber.

Despertar.

Buscar las palabras en algún lugar perdido. Donde no tenga que justificarlas ante nada ni ante nadie, poder resistir a la fría soledad con el recuerdo casi extinto de un amigo.

Hay momentos en que me encuentro vacío... en que no encuentro coherencia en lo que escribo, pero sí una paz tremenda, tan tremenda que llega a ser terrible, una paz que me hace blasfemar de rebeldía.

Mi mundo hoy se encierra en este cuarto, y cuanto tuve que decir ya está dicho, pero no me resigno a que el silencio sea mi único futuro, no me resigno a callar ni a ser silenciado, eso ya me ha ocurrido demasiadas veces.

Ahora paso a enfrentarme a ese mundo gigante que me acosa incesante, a esos hombres sin conciencia que se empeñan en ser grandes empequeñeciendo a otros. Hoy ya no quiero seguir bajo su yugo, un insolente yugo de tiranía que arranca las almas en su beneficio, hoy mi silencio cobra conciencia de que nunca valió nada, y se subleva contra tanta hipocresía de que es víctima mi alma. Ahora las palabras cobran el protagonismo que merecen, y acuden, exaltadas a liberar silencios oprimidos. Hoy ya no es ayer... ayer es solo pasado... hoy es el futuro.

Dudas de fe.

Hay momentos en los que un hombre, por una u otra circunstancia, un hombre creyente, tiene los arrestos suficientes como para dar la espalda a su fe, y sobre todo a esa Iglesia, que tantas veces, tan mal sabe ejercer de madre, y ofrecer los brazos a sus hijos.

Este es mi caso.

Empecé mi vida cristiana idealizando un Dios dibujado en un catecismo. Creí firmemente en aquella ilustración desde muy pequeño. En ella, y en las virtudes que gratuitamente le otorgaban esos sacerdotes que predicaban la que decían ser su palabra.

Pero conforme maduraba, en aquel colegio de curas, donde no sólo los niños éramos crueles, mi fe se marchitaba según la iba desarrollando. Luego terminé mis días en aquel colegio, quedando alojado en mis recuerdos como un lugar frío y aséptico, donde no aprendí de aquellos sacerdotes nada que me ayudara a recuperar mi, ya por entonces, maltrecha fe.

Luego la escuela de la vida real, donde todo es materialismo...

Por todo ello, nuevamente empecé a plantearme mi fe. Me sentía integrante de una Iglesia, que años atrás, demostrado por la historia, cometió pingües injusticias y que mató inocentes, en nombre de mi virtuoso Dios, ese que tan omnipotente se representaba en la ilustración del catecismo. Escuchaba las palabras de hombres que desde un púlpito, predicando demagogia, estaban convirtiendo mis más profundas creencias, mi fe, la de mis padres, que por entonces llenaban nuestras almas, y guiaban nuestras vidas, en uno de los negocios más rentables del mundo.

De pronto, un día cualquiera, por una de esas gotas que rebosan los vasos, tuve la valentía de apagar mi fe, (hay que ser muy osado para hacerlo). Simplemente me negué a seguir admitiendo que mi Santa Madre, ésa que llenó mi espíritu, ahora se tornara en una potente banca, interesada tan sólo en dividendos.

Desde hace muchos años todo quedó así. Yo prefería mantenerme lejos de todo aquello que representara aquel montaje. Quizás yo estaba equivocado, pero nadie supo nunca hacerme entender mi error.

Ayer paseaba por una calle, de la mano de mi esposa, que sin duda, además de una santa mujer que conocí, es lo único que me acerca al cielo. Todo era normal... un día de calor... una calle cualquiera. Levanto la vista y observo una levísima silueta negra que camina en dirección contraria a nosotros. Cuando llega a nuestra altura observo que se trata de un sacerdote. Si tuviera que describirlo en una palabra diría que era "breve". Si tuviera que describirlo en dos, diría que era breve e inmenso.

Aquel menudo sacerdote que se nos cruzó, nos miró a ambos a los ojos, con una mirada profunda como la sabiduría, y nos saludó, ofreciéndonos una sonrisa limpia y sincera, sin adulterar un ápice a pesar de sus años.

Aquel era un buen hombre, era un gran hombre, estaba seguro de que era el mejor de los hombres que había conocido, aquel hombre era una señal, la señal que esperaba para resucitar mi fe que hoy siento otra vez limpia y renovada.

Ni tan siquiera supe su nombre, pero desde aquel día algo en mi pecho que estaba vacío volvió a llenarse... quizás cambie a ese hombre por la imagen de mi Dios del catecismo. Indiscutiblemente, como aquel catecismo, su portada está obsoleta.

Seguimos con la fe.

Pero qué es la fe si no más que aquello que necesitamos creer…. ¿Qué?, si no el miedo que tenemos a no creer y el frio que nos produce sentirnos solos y desamparados.

Y Dios… ¿quién es Dios? He oído que Dios es bondad infinita, que es justicia, que es amor, que es omnipotencia.

¿Qué Dios de esas característica permite una guerra? ¿Qué Dios, con el poder del que mencionan todas las religiones, permite que un niño muera de hambre… o que una guerra lo sepulte entre las consecuencias del egoísmo de los hombres que las provocan?

¿Qué Dios es justicia, cuando siempre, en todas las culturas, y a lo largo de los siglos ha permitido y permite que haya servidores y servidos?

Quise no ser un descreído, lo intenté con toda mi alma, que por cierto es la única fe que me queda, pero no encuentro a ese Dios por ninguna parte, o no existe, o no es ni tan bueno, ni tan justo, ni tan omnipotente… o sea… Dios puede ser cualquier hombre… puede ser cualquier hombre, y su esencia la puede albergar cualquier alma. Somos nosotros los que hemos de desarrollar esa esencia, que todos la tenemos. Desarrollarla hasta el punto de que el bien y el mal, que siempre han existido, y que son casi materiales y evidentes, alcancen una proporción donde impere, en el mayor grado posible el bien sobre el mal. Cuando esto se intenta a diario, y créanme, lo he intentado, empieza uno a experimentar un consuelo, extraño y característico, que te hace sentir mejor.

Para intentar este mejoramiento progresivo hay primero que armarse de humildad, y aunque hay muchos momentos de desaliento en los que piensas que no merece la pena, al final de cada día, se siente uno un poco más realizado.

Y recuerda, cada vez que odias tu alma muere un poco... la vida es muy corta, no pierdas el tiempo odiando... ni creyendo que Dios te guardara un sitio en ningún jardín de ángeles... no vivas con miedo a no hacer lo correcto, vive con la esperanza de hacerlo. Y si alguna vez dudas, no esperes milagros, no busques por encima de la tierra, la respuesta a tus preguntas están dentro de ti, y lo único que te ayudará a responderlas será tu luz, y la luz de los que te iluminen.

Ultimo consejo... pórtate con egoísmo perdonando siempre, y olvídate de la fe, busca otra solución para tu inseguridad.

Solo palabras.

Sentado entre estas cuatro paredes, descubro que, a veces, los momentos simples son los momentos más hermosos.

No necesito nada, más que silencio, sonido ambiente, y un poco de paz interior. Y entonces mi mente comienza a hacer de las palabras mis mejores aliadas. Ellas lo hacen todo en mis sueños, lástima que no sea capaz de que formen parte de mi vida.

Siento la necesidad de plasmarlas, me da igual en un papel que en un disco duro. No son más que palabras, son palabras en mayúsculas. Palabras rebosantes de sentido que merecen ser oídas, o leídas, que es como más se sienten.

A veces, consigo formar en mi mente una comunión de ellas, y las veo hermosas, dándole sentido a todo lo que representan, expresando vida, anhelos, penas o alegrías, sutilmente, dulcemente, modestamente, sin que parezca que se dan cuenta de que no cesan de crear, pareciendo que no saben que son el comienzo de algo, una vez que las derramo sobre una cuartilla.

En el orden en que las coloqué en mi mente, así, permanecen perfectamente alineadas y dispuestas a mostrarse al mundo, desnudando lo que son, vida o parte de ella, alma e inspiración.

Luego crecen y procrean, se multiplican diciendo, contando, derramando mis sentimientos que los han hecho propios, oscureciendo el blanco lienzo del papel que las soporta.

Más tarde, ya cobran vida propia, ya no dependen de mi estresado cerebro, sino que hacen su historia, toman el mando, y me ayudan a formar una trama de de la que son protagonistas, haciéndome asumir la responsabilidad de quien conduce una vida.

Ellas son inmortales mientras así lo deciden, hasta que un día se cansan de vivir y me obligan a dar fin a la historia que representan, actuando con ingenio, y con toda la responsabilidad que ello conlleva, he de hacerlo, ofrecerles un final tan digno como merecen.

Y al final, el escritor, acaba siendo el verdugo de su propia creación.

Ejercer de canalla.

Ser un canalla parece una labor fácil, al menos eso nos parece al ver ejercer de tales a aquéllos que lo son, a los que son viles por cuestiones genéticas, a quienes nacieron con ese atributo o defecto, según se mire y en qué momento.

Sin embargo, para otros entre los que me encuentro, que tenemos la suerte o la desgracia de que nuestra sangre no contenga esa pandemia, se nos plantea como una ardua labor, casi un reto, el pretender serlo.

Por desgracia la vida, las circunstancias, y las obligaciones, me hacen, y como a mí, estoy seguro que a muchos otros, acallar los latidos del enorme corazón que late en mi pecho, para exhibir la crueldad aprendida de todos los tiranos conocidos, en las que ya vienen siendo, demasiadas ocasiones.

Es curioso, en unas primeras veces me costó un horror sobreactuar, pero debió salirme de cine, porque notaba como los que me rodeaban me temían, y como consecuencia, ello me hacía sentirme muy respetado.

Triste pero cierto lo aprendido al respecto… para ser merecedor de la admiración y el respeto de un importante número de individuos, es condición indispensable ser un canalla, o al menos comportarse como tal.

Desde antaño... desde aquel triste día en que la necesidad me obligó a confinar mi corazón en una hermética bolsa, ejerzo de canalla, a diario, eso sí, un tiempo indeterminado, nunca a jornada completa, y diré en mi defensa que es el justo que la necesidad me impone desarrollar mi representación.

Mi actuación estelar de canalla, comenzaba cuando la situación lo requería, a modo de un interruptor que se encendía, y cuando ya no había necesidad de seguir la representación, el interruptor lo posicionaba en apagado, volvía a casa, con la mejor de mis sonrisas, obsequiaba a mi señora con un sonoro beso, y la llevaba a cenar si se terciaba, y todo lo ocurrido horas atrás, y todo el daño que hubiera ocasionado con mi actitud, no me pesaba en absoluto.

Dormía como un tierno bebé cada noche, y ante Dios justificaba mis actos como algo que era imprescindible para mi propia supervivencia, y con ello, mi impoluta conciencia y yo, nos sumíamos en un reparador sueño.

Pero hoy, que Dios ya no me mira ni de reojo, y no le culpo, ya que es recíproco, me cuesta mucho... mucho... ser tamaño canalla.

Y lo peor… y lo terrible, es que la sociedad me pide que siga siéndolo, y cada vez más y por más tiempo… ya casi no desconecto, y cuando llego a casa no puedo sonreír… y mi conciencia, ahora, sí que me pide cuentas.

De pronto, sin un especial motivo, tras un acto de prepotencia tan ordinario como tantos otros, se me instala en los tímpanos un sonido suave pero incesante… presto atención… es el clamor de mi conciencia, que es el más justo y el más persuasor de los dioses. Me explica, en tono bajo pero con voz recia, que sólo necesito mi respeto para seguir adelante, y que si me miro muy dentro lo veo todo vacío.

Hoy he decidido bajar del escenario para siempre… hoy he decidido que volveré a ser tan poco y tanto como un hombre de bien… que acabaré con mi última mentira… porque como todas las mentiras, no es capaz de caminar muy lejos y su senda acaba en un precipicio.

Hoy he decidido que prefiero ser yo para siempre… siempre yo, aunque no sea nada… prefiero ser nada a un mamarracho que se olvidó que la vida… las vidas… la suya y las de los que le rodean, valen demasiado para jugar con ellas.

Mi conciencia... esa chillona incesante... me ha hecho darme cuenta de que ya no sé escribir poesías, ni apreciar los amaneceres como antaño.

Me miro al espejo, y empiezo a ver otro hombre, que conserva alguno de mis rasgos, pero que sin duda, no soy yo... el que veo se parece demasiado a esos canallas patológicos que nunca tuvieron corazón.

Nunca más ejerceré de canalla... aunque al principio me cueste, estoy seguro de que es mucho lo que ganaré... quizá hasta vuelva a dormir bien de noche... sonreír a mi mujer... y puede que hasta... volver a escribir una poesía.

Ángeles del cielo.

Hace mucho tiempo, cuando era pequeño, me contaron que los ángeles están en el cielo. Yo luego pensé que al no poderlos ver estarían por encima de las nubes. Bien, pues ahí quedaron mis teorías de niño, hasta hoy... sí, a mis cuarenta años he descubierto que están bajo el sol, que brillan con luz propia, que van dentro de aviones, y que a pesar de que hay incontables imbéciles que no se dan cuenta, se hacen llamar azafatas de vuelo.

Quién de nosotros, que hemos utilizado las líneas aéreas con más o menos frecuencia, tendríamos la carga de paciencia necesaria para dar los buenos días a casi doscientos desconocidos, con nuestra mejor sonrisa puesta, casi a diario, sabiendo de antemano que más de la mitad de esos ingratos e ineducados, ni siquiera tendrán la atención de mirarnos a los ojos.

Y los niños... esos consentidos niños, cuyos padres cansados de soportarles, creen que tienen incluido el derecho de guardería en el importe de sus billetes, abandonándolos, a sabiendas de que cuando transgredan cierto límite en sus diabluras, allí estarán esos ángeles, nuevamente, enseñando dientes, y atendiéndoles con toda delicadeza.

Y sus jefes... los pilotos, (una parte importante de ellos, que todas las reglas tienen sus excepciones, aunque desgraciadamente las excepciones suelen ser siempre muy pocas), que se magnifican cuando levantan el vuelo, y en su prepotencia desmedida, las avasallan hasta límites impensables, llegando a veces hasta a humillarlas, (pobres azafatas, también tienen el enemigo en casa).

A pesar de los distintos estados de ánimo que puedan sufrir esas hermosas damas, son personas, no lo olvidemos, pueden sentir dolor, frío, calor, estrés, temor; ellas, siempre sonríen... desde que suben al cielo hasta que bajan de él, siempre... siempre... sonríen, pase lo que pase... aunque en sus almas esté lloviendo, y su último amor les haya roto el corazón, Saben llorar por dentro, para que, aquél que tenga la decencia de dirigirles una mirada, sea recompensado con una espléndida sonrisa.

Saben engrandecer a sus pasajeros, saben deshacerse en atenciones que rara vez merecen... tienen la virtud de conseguir que se sientan como los señores que, en muchas ocasiones, no están ni cerca de ser.

Son capaces de devolvernos la tranquilidad cuando nos angustiamos. ¿Quién de nosotros ante la mínima turbulencia, el mínimo movimiento del avión en el que volamos, no ha clavado los ojos en la azafata, y al verla sonreír, bien sea por costumbre, o por pensar que ahora sí las miran aterrados los mal nacidos que no le devolvieron los buenos días, nos facilita la paz que el miedo nos había robado?

Y al final del viaje... cuando el avión abre sus puertas en el aeropuerto, y se despiden, como siempre, sonriendo, y se cruzan con los que al entrar no la miraron, pero que sí lo hicieron cuando un bache aéreo les subió sus vergüenzas a la altura casi, de los tímpanos, buscando consuelo en ellas, y que lo percibieron... y los tranquilizaron con una mirada dulce y serena, y... ahora, ya en tierra, seguros y a salvo, les vuelve su altanería de cretinos integrales, y otra vez le esquivan la mirada... y todavía, haciendo de tripas corazón, tienen el coraje y la clase suficiente, para pedirles que vuelvan a volar con ellas, y el desagradecido acelera el paso, como el más pardo de los borricos que es, huyéndoles, como si se tratase de unos pedigüeños que pretendieran abordarle... pero ellas no les llaman ingratos... ni todas esas cosas que ese tipo de gente merecen que se les diga, alguna de las cuales he mencionado ya a lo largo de este escrito... no... ellas no lo hacen, ni tan siquiera desdibujan el gesto ante tales arrogantes, que las desprecian sin consideración alguna... porque ellas son educadas, cultas, abnegadas, dulces, hermosas, e insultantemente correctas...porque ellas son... ni más ni menos que eso... ellas son los ángeles que cuando niño me dijeron que cabalgaban los cielos.

Hasta pronto.

Sentado en un sillón, con la pierna izquierda estirada e inerte, ya que un mal paso me destrozó la rodilla. Dándole vueltas a mi cabeza vacía, taciturna e inestable.

Así llevo quizá demasiado tiempo. Abandonado al deporte que muchos otros hombres disfrutarían hasta el éxtasis, pero que a mí se me hace insufrible... el no hacer nada.

Contaminándome con una televisión monstruosa y deforme que tara considerablemente la poca imaginación con que a unos pocos nos obsequió la vida. Anulando nuestra personalidad, para acabar apresándonos, literalmente, entre sus cadenas, que no paran de emitir y demostrar todo lo falso y oscuro de los hombres.

Cierto. Me encuentro enfermo del cuerpo, pero lo que en realidad me preocupa es mi enfermedad del alma.

Me noto vacío. Ya no me acucia aquella necesidad que no hace mucho, me llevaba a aferrarme a la palabra para soportar los avatares de esta vida, que nunca tiene la generosidad de mostrarnos tan sólo el lado bueno.

Ahora me siento cansado de enfrentar ese reto que al nacer nos obliga el destino a aceptar, y mi alma, perdida, busca sin tregua una salida que le lleve lejos del averno del desaliento, de la resignación.

Este es el primer paso que debe dar todo adicto... reconocer su adicción. Yo lo estoy haciendo...

reconozco que he caído en la desesperanza, pero no me someto a ella. Estoy dispuesto a luchar con todas las armas a mi alcance, que si bien no son muchas, son muy eficaces.

Espero que pasen pronto las nubes… que se abra el cielo, y que por enésima vez bajen mis musas a rescatarme. Ellas son las únicas que saben tratarme… las que guardan celosamente la medicina capaz de sanar mi espíritu, cuya tez amarillea y se apaga.

Puede, y en ello confío, que esta noche la luna libere mi inspiración, que fue presa días atrás de demasiado silencio… demasiada soledad y demasiada incertidumbre, y arrastrada por ese levante que con frecuencia me visita y al que hace muchos años hice mi confidente más allegado, se albergue de nuevo en mi mano, la que hoy aporrea este teclado con la desidia propia de quien no tiene nada que contar, más que ese sentimiento de vacío que me asfixia.

Ojalá que cuando mañana amanezca vuelva a sentir que la pasión vuelve a correr por mis venas, y entonces todo seguirá igual, pero de no ser así, de no tener el destino la grandeza para conmigo de no hacerme más daño, y decidir confinarme al silencio de quien no tiene nada que compartir, no podré evitar silenciar este blog al que tanto he confiado, hasta el momento de sentirme tan fuerte como he sido...tan lleno como fui... tan elocuente como me sentí.

De cualquier manera no sería capaz de decir adiós... me sentiría tremendamente ingrato si lo hiciera. Debo demasiado a este blog, y a los amigos que él me ha proporcionado. Por ello lo dejaré en un hasta pronto.

Un puñado de amigos.

Cuando creé este blog lo hice con la única intención de retratarme en él, valiéndome de todo aquello que me viniese a la mente, y todo aquello que me subiese del corazón. Tenía la necesidad, y él me brindaba la oportunidad, de explotar desde muy dentro, y dejarme ver como soy, no como me hacen ser, ni tan siquiera como pretendo ser.

Me prometí no guardar ningún silencio, gritar todo lo que soporta mi alma, todo lo que me angustia y me ahoga... todo lo que me sobra y me pesa.

Así lo decidí, y así lo hice. Criticaba todo lo que me molestaba y alababa todo aquello que pensaba que lo merecía, y lo hacía con palabras, valiéndome de todo mí odio o endulzándolo con todo mi corazón, según me lo cantara el sentimiento.

Sin embargo, en esta nueva empresa que emprendía, escribir sin tener norte alguno de quienes serían mis lectores, me empecé a encontrar gente sumamente interesante, que al igual que yo, tenían mucho que decir, y estaban dispuestas a callar muy poco. Empecé a descubrir seres humanos maravillosos con los que me identificaba en muchos aspectos... gente tan peculiar como yo... hombres y mujeres a los que jamás sería capaz de encontrar por la calle y hacerlos mis amigos, y que sin embargo eran para mí, cuando menos, algo más que muchos de ellos.

Me topé de bruces con algo que no me planteé al decidir exponer mi alma al anonimato, detrás de cada frase editada que leía en otros blogs, estaba la figura de un bloguero, que no era ni más ni menos lo mismo que yo... una vida... una persona llena de sentimientos a rebosar y que también sentía la necesidad de compartirlos.

De entre todas esas vidas a las que tuve el grato placer de asomarme, seleccioné unas pocas, basándome en la afinidad que tenía con sus opiniones, (a veces eran espejo de las mías). Sobre aquellos sentimientos en forma de palabras que tenían la generosidad de publicar comencé a dejar, tímidamente, unas palabras. Poco a poco algunos de ellos me correspondieron, leyendo mis escritos y regalándome, casi siempre, unos inmerecidos halagos, que no por inmerecidos dejaba de agradecer.

En modo alguno, y sin darme cuenta se me iban clavando en el corazón. Se me abrazaban al alma... ellos... sus dulces halagos... sus templadas críticas, y un buen día, me di cuenta que eran demasiadas, y demasiado hermosas las cosas que con todos ellos compartía... un buen día fui consciente de que todos ellos y yo teníamos mucho en común, y que nuestro nexo no se componía tan sólo de elementos inmateriales que pudiésemos condenar a subsistir detrás de una pantalla, nuestro compromiso casi nos hermanaba en demasiadas ocasiones, y aunque éramos conscientes de que la mayoría de nosotros jamás nos veríamos las caras... aunque sabíamos que no se daría fácilmente la oportunidad de apretarnos las manos o abrazarnos, siempre nos quedaría en el recuerdo, el haber reído juntos... haber llorado juntos... haber soñado juntos, y aquellos que comparten sentimientos de tal magnitud, sin percatarse de ello, están compartiendo sus vidas.

No me queda más que deciros, tan sólo que ha sido un placer conoceros, y que ahora, cuando escribo en este blog, más que mi desahogo personal, lo que más me incentiva, es poder disfrutar de vuestra compañía.

Epílogo.

Como hice referencia en el prólogo, cuando escribía en este blog fueron muchas las personas con las que compartí mis escritos y ellas los suyos conmigo. Este medio que a priori, y para el que no lo conoce parece frío, y da la impresión de que es impensable que prosperen las relaciones humanas, me permitió conocer a personas realmente interesantes, y, aun manteniendo nuestro anonimato, llegamos a tener excepcionales relaciones de amistad.

Como también comenté se perdieron nuestros comentarios, muchos de ellos marcadamente intensos y fecundos.

Ahora, recopilando por todos los rincones de mi disco duro los posts que en su momento escribí, encontré por casualidad la respuesta al último comentario de una persona, anónima por supuesto, que significó alguien muy entrañable y especial, dentro de esta vida virtual que algunos compartimos.

Quiero aclarar, que después de que desapareciera el antiguo blog en extrañas circunstancias, tras un corto periodo sin hacer ninguna entrada, y creado el nuevo, en el que abandoné el anonimato, encontré a prácticamente todos mis antiguos compañeros y amigos, pero a ella fue la única que no pude hallar. Cuando acudí a su blog, éste estaba vacío. Tan sólo quedaba su avatar. A continuación cito mis últimas palabras para ella.

"A veces, con personas como tú, es difícil encontrar las palabras adecuadas para una despedida, pero como en este caso tan sólo hay un hasta pronto de por medio, no tengo que decir adiós, es mucho más fácil.

No debiera casi decir nada, porque estoy seguro de que mi ausencia no será muy larga, porque como bien sabes, no he aprendido a concebir una vida sin palabras, y cuando comencé este blog, y conocí a personas tan maravillosas como tú, entendí que compartir las palabras y los conceptos, las ideas, los pensamientos y los sentimientos que a ellas debemos, nos magnifica a todos, escritores y lectores, y nos ofrecen una vida paralela a todos nosotros, a la que nos sería imposible renunciar sin más, a la que nos ata el corazón y el sentimiento nos hermana, a partir del verbo compartir, con independencia de cualquier idea que abanderemos, y cualquier credo que profesemos.

Son muchas las cosas que quisiera decirte, pero que ahora no me place, como digo no es mi intención terminar con un adiós, sino con un hasta pronto."

****

EL NUEVO CORAZON DE LAS LETRAS.

Una noche cualquiera nació un niño.

Recuerdo esa noche como una de ésas que se clavan en la peculiar baraja de los recuerdos de una vida.

Tras una tensa espera en una fría sala... la eclosión... la vida... aquél paritorio, iluminado tenue, tal como un campo donde se ha librado una gran batalla cuando se pone el sol, y aquellos padres... él, con el halo del sufrimiento que se observa en el consorte del guerrero dibujado en sus ojos, húmedos y rojos... ella, la madre, primeriza y exhausta, pero mirándonos exultante con el fruto de la victoria en sus brazos. Hubo de librar una gran batalla, tremenda, e incluso cruenta, con la vida... esa vida que emergía de sus entrañas, y que exigía desde ya... desde su inicio... mucho dolor... mucho amor... mucho sacrificio.

Aquella madre que a pesar de lo pasado aún tenía humor para bromear sobre su gesta ante la mueca de incertidumbre del aterrado padre, y entre cansadas sonrisas, nos ofreció a su pequeño a los pocos afortunados que pudimos compartir aquel momento... fue entonces cuando noté que en mi pecho nacía una profunda sensación de agradecimiento hacia aquella pareja, por la generosidad que tuvieron para conmigo de compartir tan íntimo momento, por hacerme tan fácil formar parte de esa historia y mimetizar en mi alma su gozo.

Luego... el grito de un pequeño que reclamaba su lugar, a todo pulmón... con toda la fuerza de quien estrena una vida, de quien empieza a buscar su sitio en este mundo, inmenso y hostil a veces.

Nunca olvidaré aquella noche... el olor a vida... y tanto amor que casi podía palparse.

Cuando me llegó el momento de marcharme de aquel escenario y me despedí de aquellos padres, se me escapó en un susurro... GRACIAS.

Una última copa.

Entre las pocas cosa que la vida tiene por costumbre de regalarnos están los buenos amigos.

Cuando uno se siente hundido hasta el cuello, con la tensión que le provoca el día a día, es sano quedar con ellos, disfrutar de una buena cena y un par de copas si se tercia. Desengrasar el karma, como dicen, y hablar de lo cotidiano, con el humor que le arrima esos pocos grados de alcohol que uno ingiere, y que tan productivos son a esas horas, ese último trago es como algo de precepto... de uso obligado, casi medicinal.

Es muy bueno sí... pero a veces te suelta la lengua y te hace ser más tú que nunca... al principio va bien porque tu percepción de la realidad no te deja que olvides la medida de lo que dices, y sueles estar correcto, aunque alegre. Por ejemplo, si la conversación se tercia por el lado político y, créanme, siempre se tercia, todavía tiene uno la suficiente integridad y lucidez para, cuando empieza alguno o algunos de los contertulios a incomodarse, (porque eso sí, en este país el futbol y la política pesan mucho, casi nadie entendemos demasiado de ninguna de las dos cosas, pero ambas cuestiones son capaces de hacernos pasionales y nublarnos el sentido), desviar la conversación a un campo más lejano, aunque para ello tengas que ir provocando lentamente la transición. Siempre un recurso al que suelo acudir es contar chistes de la Vicepresidenta que no entraré en más, pero es innegable que fea es... y es fea del copón.

Sin embargo otras veces, momentos desgraciados diría yo, esa copa se nos mete entre las sienes y acude la melancolía a nuestro recuerdo. Entonces cualquier cosa, por muy insignificante que sea, nos hace saltar la congoja al pecho y se aloja allí, cuando menos toda la noche. Y créanme, no hay nada que odie más que pasar una noche de sábado acongojado.

Pues esa es mi noche de hoy... una noche de congoja... una maldita noche de sábado... apenado y melancólico. Es tanto mi pesar que ni tan siquiera me permite conciliar el sueño, y ya despunta el día.

Esta noche fui a cenar con mi mejor amigo, es un hombre duro, de esos que se forjan día a día pagando caro el pan que lleva a su casa. Siempre, desde que le conozco, y de eso hace ya muchos años, no tuvo titubeos en enfrentar nada, las pocas aventuras que en mi vida merezcan mención, las viví a su lado, siempre con mi santa y la suya que no es menos santa que la mía, y que también formaron parte de esas aventuras.

Sin embargo esta noche, cuando dábamos nuestro último sorbo a una cerveza helada, sacó una fotografía de su padre, ya fallecido.

Nadie se percató, pero en aquel momento recordé el día de aquella muerte... como se abrazó mi amigo a mí... llorando como un niño... perdido y derrumbado. Quizá aquella fue la primera noche que mi amigo perdió el norte... que permitió que la vida le golpeara.

Sé, porque me he fijado, que cuando sale esa foto de su padre se le inundan por un momento los ojos, pero lo que nadie sabe es que también se inundan los míos.

Soy consciente que escribir todo esto no interesa a nadie, salvo a él, a mí y a nuestras santas, que también forman parte de la historia, y también les brillan los ojos con la última copa, pero cuando con el trago final me da la melancolía, o sigo bebiendo hasta perder el sentido, cosa que mi hígado no consentiría, o aburro a quien tenga la osadía de leerme escribiendo sandeces de este estilo.

El marco digital.

Tengo sobre mi escritorio un marco digital. Creo que nadie se lo planteó así nunca, pero creo que es un bonito legado que hace la tecnología al mundo de los sentimientos.

En él aparecen retazos de gran parte de mis recuerdos… de momentos inolvidables, fotos de personas que compartieron conmigo el pasado y dejaron en mí una huella imborrable.

Me hace feliz encontrarlo cuando llego abatido del trabajo… cada día, de manera indistinta y azarosa, me presenta en la pequeña pantalla que conforma su marco una nueva imagen... una etapa de mi vida pasada, algún prójimo que la compartió, o incluso mi Santa, que aparece contrariada por ser víctima de una foto robada, sin el previo ritual que precisa una pose como dios manda.

El destello de esa imagen en la oscuridad de mi escritorio me hace detenerme y pensar sobre la representación de turno.

Hoy, como habitualmente, me detengo unos minutos parado delante del marco con el dibujo de la foto reflejado en mis retinas, y al poco reacciono y rememoro sobre el sujeto protagonista del día. Una leve carcajada mental, de esas que se producen pero no se exteriorizan, se me viene a la cabeza. Se trata de mi tío... mi Tío Joaquín.

No debiera provocarme la risa su recuerdo, porque ya falleció, pero fue tanto lo que en su vida nos hizo reír y disfrutar, que el simple hecho de recordarlo ya me alegra el alma hasta ese punto.

La instantánea es de pocos años antes de su muerte, ya andaba aquejado de una enfermedad cardíaca, y su cara se ve un matiz desdibujada, sin embargo su sonrisa... esa que permanece en mis recuerdos es tan especial como lo fue siempre.

Mi tío fue un hombre que por uno de esos errores de Dios, no fue bendecido con hijos, y esos huérfanos del limbo que no llegaron a ser nacidos no podían imaginar que pedazo de padre era el que se perdieron.

Mis hermanos y yo nos aprovechamos de ello, él nos instaló en su corazón como si fuésemos sus propios hijos, y nosotros lo quisimos como se quiere a un padre. La vida junto a él era maravillosa, cada vez que venía a pedirnos prestados a nuestros progenitores, nosotros, nerviosos de felices que éramos, por ser conscientes que daríamos un arañazo a nuestra infantil monotonía, corríamos a sus brazos. Era un dios de la broma fácil, las que nos hacían reír de niños, y supo crecer en su humor y adecuarlo a nuestras edades, y hasta el último día de su existencia tuvo el temple suficiente para comportarse como toda su vida, hacernos felices y arrancarnos sonrisas. Recuerdo aquel treinta y uno de diciembre en que fuimos a visitarlo, ya muy desmejorado, y nos despidió con una de sus bromas. Pocas horas más tarde nos comunicaron su fallecimiento.

Debo agradecer a ese marco de fotos que de vez en cuando me lo presente... sin embargo el de mi Tío es un recuerdo que jamás me abandona, y que me hace ser mejor.

En el primer banco.

Acostumbro a escuchar con atención las noticias matinales. La, generalmente, agraciada locutora detalla con elocuencia noticias, sobre cuyo contenido podría hacer trabajar muy duro a mi pluma. Sin embargo no lo hago. Gracias a mi madre, sabia y persuasiva, que una vez, tras explicarme que la política es algo muy íntimo y desagradable sobre lo que tan sólo debe hablarse en familia, me hizo prometer que nunca escribiría sobre ello, (y créanme que hoy por hoy estoy plenamente convencido de que está sumamente arrepentida de haberme inducido a ese compromiso, dado que es con ella, con quien me desfogo, por ser la más guerrera en la palabra, y por discrepar en ligeros matices con mis ideas, cuestión que yo me encargo de acentuar hasta límites exagerados ,hasta llevarla a un nivel de exaltación en sus desacuerdos, que termino temiendo que tal acaloramiento perjudique a sus niveles de tensión, y zanjo el tema a debatir con una broma fácil, que le haga sucumbir a su enfado y esbozar una sonrisa).

Sin embargo hay otro tema de actualidad, sobre el que se habla mucho últimamente, demasiado quizás para tratarse de una organización que entiendo que debería brillar por su humildad, y no por los distintos escándalos de que son protagonistas sus representantes.

Sí… se trata otra vez de la Iglesia.

El tema de la fe es algo que me preocupa. Sobre todo porque reconozco que aún hoy no he sabido posicionarme al respecto. Pero es mi lucha interna y personal y a nadie más que a mí puede afectar. Estoy seguro que después de todo no seré el primero que tarda toda una vida en descubrir a su Dios, a mi manera, y de un modo pleno.

No obstante de la Iglesia sí que he sacado muchas conclusiones, y en su mayoría no muy favorables.

No puedo resistirme a pensar que el Vaticano es una multinacional creada para obtener dividendos, y que el alto clero que lo rodea no son más que sus ejecutivos más agresivos.

Pero lo que en realidad me exaspera es como su tropa, (muchos de esos curas que tienen repartidos por el mundo, que se han acomodado en parroquias y son adulados por intransigentes parroquianas, (de ésas que piensan que la que fornica desnuda acaba conociendo el infierno de Dante), van haciendo la guerra por su cuenta enarbolando prepotencia y egocentrismo, en nombre de ese Dios, que estoy seguro que de existir no puede ni verlos, pero que no vacilan en mencionarlo como parapeto para sus dudosas acciones.

La última... la escuché la otra mañana en el noticiario. Un sacerdote, como siempre al abrigo de la feligresía local, decide ser protagonista de una nueva atrocidad en nombre de Dios, y eso es muy especialmente lo que mueve mi crítica, que se aprovechen de la fe, y la buena disposición de los creyentes para imponer su voluntad, que apelen a lo sobrenatural para amparar sus pequeñas fechorías. Francamente me cuesta mucho callar y mirar hacia otro lado cuando los seres humanos sufren por causa de tanta imbecilidad y tanta intransigencia.

Resulta que a una hermosa joven, coronada reina de las fiestas de un pequeño pueblo de Toledo, se le niega ocupar los primeros bancos de la iglesia, como es costumbre, por ser islámica.

Vamos a ver... es que no sé expresarme bien cuando me ciega la ira... querido ministro de Dios... si tú... el que te niegas... que no sé cómo te llamas y en estos momentos no hay nada en este mundo que me importe menos que éso. ¿Has sopesado que puede pensar esa chiquilla de nosotros los católicos... que va a pensar de nuestro Dios, sino que es absurdo y embustero? Querido sacerdote, (y que conste que hago un soberano esfuerzo por canjear mi ironía por todas las palabras mal sonantes que no puedo evitar, se me paseen por el entrecejo en estos momentos). ¿Dónde está la humildad que predicaba Jesucristo... dónde sus palabras de amor y transigencia... cuál es el catecismo de todo a cien que te dieron a estudiar en el seminario... cómo crees que se sienten con tu valiente causa tus compañeros, los misioneros que se juegan la vida para dar un vaso de agua a un niño, y enseñarles el padrenuestro, importándole un bledo su raza o religión, y a los que insultas y menosprecias con tu arrogancia?

Vuélvete a la sacristía, a engatusar a viejas y sacarles las limosnas con tu verborrea, la Iglesia no te necesita, y con Dios ya saldarás cuentas, sin embargo la sociedad y tus superiores deberían, cuando menos, amonestarte.

Lo siento mamá... sé lo que me espera... pero es que no me he podido callar.

El amor no tiene edad.

Estaban sentados en el Paseo Marítimo de la Carihuela, bajo un cielo plomizo pero que no sofocaba el calor propio del mes que corre. Sus cabezas nevadas por los años reposaban juntas apoyándose la una sobre la otra, mientras contemplaban un mar de color cobalto con una media sonrisa en sus gestos. El, en un determinado momento cambió la vista hacia los pies de ella, que colgaban desde el muro del malecón. Lucía unas sandalias de color cuero, que parecían recién estrenadas. Ella observó su mirada.- ¿Te gustan?- le preguntó. – Me gustan los pies que visten.- le dijo haciendo crecer su sonrisa, con una voz templada, que casi la acariciaba, y que hizo ruborizar a la anciana. Luego añadió: – siempre tuviste unos pies muy hermosos… de dedos delicados, y esas sandalias que te has comprado no hacen más que realzarlos-.

Me fijé en aquellos pies… eran los pies de una anciana… de talones ajados, y dedos torcidos por los estragos que causa la artrosis y la edad. Sin embargo, aquel anciano con una voz sincera y tierna los adulaba, y aquella anciana se dejaba adular.

Esta mañana y en ese momento, comprendí lo grande que es el amor. Los volví a mirar y seguían observando el mar bajo aquel cielo nublado, con las caras tan felices que iluminaban, y seguro que sus corazones estaban henchidos por el amor que llevaban dentro. Aquellos amantes no habían envejecido… seguían siendo los jóvenes amantes que fueron siempre, y seguían profesándose el uno al otro el amor de siempre… un amor verdadero, tan sólido que ni tan siquiera envejece.

Estoy seguro que aquella anciana seguía siendo muy hermosa para él... tan hermosa como siempre fue, me fijé en ambos un instante más, y luego de envidiarlos, comprendí que para ellos no existía en aquél paseo marítimo inundado de gente, ninguna otra cosa que no fuera el mar en calma o los ojos del otro. Quisiera que la vida me dé la oportunidad de que el amor crezca conmigo y termine inundándolo todo, tal como el de esa pareja de ancianos.

Bella Lucía.

Aquella tarde la brisa suave que corría en el hermoso Paseo Marítimo de Playa Blanca, me animó a correr por él.

Como siempre que corro, y me gusta hacerlo a menudo, mi mente, al contrario que mis músculos, se abandona y se relaja, recreándose en aquello que ve, y en este caso mis retinas se impresionaban con unos acantilados de ensueño que me enamoraban, y la plenitud de todo un Océano que me inspiraba libertad.

Las caprichosas formas que las piedras volcánicas torneaban a su antojo para el deleite de los paseantes se sumaban a los alicientes del camino que recorría, y me invitaban a no cesar mi trote.

Corrí y corrí, y de repente tras una bajada que mis forzadas piernas agradecieron, un sin fin de mástiles, que conformaban un puerto deportivo, se desplegaban ante mí.

Abanderado esta vez por la curiosidad, seguí trotando por entre aquellos barcos, y ya cuando las fuerzas empezaban a fallarme, me detuve en seco ante una maravillosa visión. Se trataba del velero más hermoso que jamás había visto.

Sin saber nada del mar, ni de los barcos que lo navegan, aquel navío en concreto, me secuestró el alma por largo rato. Allí detenido, mientras recuperaba el aliento que hipotecó mi carrera, no era capaz de quitarle la vista de encima.

Su dueño debía ser alguien tan soñador como yo, pero mucho más valiente y afortunado, sin duda, que estaba recuperando aquel velero del año mil ochocientos y pico.

Su casco al igual que sus mástiles se ofrecían a mi vista lijados, a falta de barniz, y aún así, nada más verlo, se me vino a la cabeza que quisiera cuando menos soñar con él.

Pude observar en su popa su nombre, en grandes letras podía leerse " BELLA LUCIA ", y de inmediato los cansados motores de mi imaginación pusieron nombre a mi nueva fantasía, y me convertí en el capitán, aferrado al timón, y con todo un océano ante mí cargado de aventuras. Y como es mi imaginación, y la reconduzco a mi gusto, junto a mí, asida por la cintura, mi mujer, mi Santa como yo la llamo, porque hasta el día de hoy siempre participó en mis aventuras, y porque para mí es la mujer más hermosa del mundo.

Seguidamente largamos velas, y con vientos de popa que me fueron propicios, encaré la mar más hermosa de la tierra.

Luego volví a la realidad, pero no sin desear de corazón que aquel navío no se hundiera jamás, que en breve volviese a navegar, y que su piloto tuviese toda la suerte del mundo, y viviese las aventuras que dibujo a ratos en ese lienzo que es mi imaginación, y que, a veces, cierro los ojos y doy pinceladas.

Eternamente jóvenes.

Aquella noche decidimos bajar a la discoteca del hotel donde pasábamos las vacaciones.

Nuestra intención no era otra que tomar unas copas con unos buenos amigos, conscientes de qué tipo de discoteca era aquella, la de un hotel familiar donde la mayor parte de los que danzaban, entre las alegres luces y el humo artificial, eran en su mayoría niños, que más que bailar jugaban, y sus resignadas madres que movían las caderas fatigadas y estresadas, con las desgana propia de quien lleva todo un largo día martirizadas por aquellas pequeñas fierecillas.

Tampoco faltaba el clásico imbécil atrevido, sin miedo alguno al ridículo, que después de endosarse cinco cervezas, amortizando así el régimen de todo incluido, saltaba al escenario, y a fuerza de culazos y empujones se situaba donde pudiéramos nosotros, el público, disfrutar de su danzar, convencido de que los chicos del ballet de Fama tenían mucho que envidiarle, cuando en realidad aquellos movimientos arrítmicos, más parecidos a espasmos involuntarios que a cualquier otra cosa, acababan haciéndolo blanco de nuestras críticas y protagonista de nuestros chistes.

Pedimos nuestras copas, y nos acomodamos cerca de la pista, los más cercano posible al imbécil, con el ánimo de sacar todo el partido posible a sus espectaculares y lamentables piruetas.

De repente empezó a sonar un tango, algo insólito y que me llamó la atención, y si bien el imbécil continuó su baile, abrazándose a sí mismo, (total ése a esas alturas y con la carga etílica que portaba, era capaz de bailar hasta la danza de los siete velos), pude observar como detrás, muy atrás, modestamente, ocupaba una reducida esquina del escenario una pareja de ancianos.

Ambos de pelo canoso, el vestía una camisa amarilla y unos pantalones crudos, calzaba unos mocasines sin calcetines. Ella tenía un traje blanco con flores rojas, y calzaba unos altos tacones, (demasiado para su edad me dije en un primer momento), también de color carmesí.

Sus cuerpos, a pesar de lo avanzado de sus edades, que se evidenciaba en los pliegues de sus rostros, eran estilizados, y el gusto derrochado en su indumentaria consiguió de inmediato captar mi atención. Pero cuando comenzó a sonar aquel melancólico tango, se soltaron por aquella pequeña pista y se dejaron llevar, eso sí, clavándose las miradas sin que ningún otro de los que compartían aquel hermoso momento le hicieran sombra alguna. Las madres recogieron a sus hijos que jugaban y el gracioso fue retirado casi en volandas por un par de alemanes de dos metros que, ensimismados, compartían la hermosa visión de aquellos dos bailarines.

De repente caí en la cuenta de que verlos bailar fue lo más maravilloso que me había ocurrido en aquellas vacaciones, y mi cerebro que se alía a cualquier soplo de aire fresco que es capaz de secuestrarlo la monotonía de la realidad, empezó a soñar sobre ellos, y más que los miraba, más que los descubría.

Sus miradas, y sus medias sonrisas los denotaban orgullosos de su baile... contentos de haber conseguido que el gracioso ocupara su taburete de la barra, y volviese a hundir su prominente nariz en un vaso de tubo. Orgullosos de que yo y otros tantos los mirásemos emocionados, y envidiásemos su buen hacer.

Terminó aquel baile... y desperté de aquello que me parecía un sueño. El público aplaudió entusiasmado, y ambos se marcharon respondiendo con una sonrisa y un gesto.

Ocuparon una mesa cercana a la mía... en la penumbra de las velas observé cómo se cogían de las manos y compartían una copa de champán. De repente lo comprendí, me di cuenta que aquella era una pareja de jóvenes... de que jamás llegarían a ser ancianos.

Leyendo junto al mar.

Levantar la vista de un buen libro y divisar un mercante con toda la candelería encendida... gozar con la mecida de una baliza y los destellos arrítmicos que esta traza en la mar calma, me hacen disfrutar el momento, por ello siempre que puedo leo cara a la costa, cerca... muy cerca del mar.

De cualquier manera cuando abro un libro y el paisaje se torna tan encantador como el de esta noche, presagio que será una lectura corta y poco provechosa, ya que las circunstancias no tardarán en abstraerme en mis pensamientos, y terminaré haciendo algo que aún me causa más placer, plasmar mis sensaciones muy particulares en un blog de hojas ecológicas que uno que pudo ser buen amigo, y no lo entendí como tal en su momento, y años atrás... recapacito y comprendo que tuvo la voluntad de serlo, me fabricó según mi demanda, y me regaló junto a una sonrisa y sus mejores deseos de que no abandonara esto de la escritura.

Ahora mismo miro el dibujo de una orilla sinuosa, comienza a anochecer, y la vida cobra formas nuevas, formas que se acercan a ser mágicas, arropadas por el dosel de una línea de farolas que derraman una luz amarillenta.

Féminas de todas las edades cobran esa belleza tan especial que el día, el estrés, los niños y el trabajo sin tregua en la calle, o el mal valorado en la casa, les arrancaron, y que ahora relajadas, y con una tez que cobra un barniz peculiar, que en más o menos proporción el verano se ha encargado de aportarles, y esos ojos, bañados por una luna que insiste en mirarse en los espejos de sus córneas, les dan toda la intensidad que merecen, invitándolas a participar en el sutil espectáculo de magia y matices del que tengo la fortuna de ser espectador.

Sigo observando y admirando los detalles que la naciente noche me ofrece. Me encuentro con la playa, que entre las últimas claras del día agonizante, me permite divisar las caprichosas formas de sus dunas hasta un horizonte conquistado por la oscuridad, del que metros atrás emergen como fantasmas los bigotes blancos del rompeolas.

Es hermosa mi ciudad y su costa. Ahora se me viene a la cabeza su Catedral, tan linda como la que más, capaz de inspirar devoción hasta aquéllos que empeñaron su fe o no la encontraron nunca. Y esa Alcazaba, que iluminada y majestuosa, muestra a los forasteros que acceden por el mar a nuestra tierra, un ejemplo de fina belleza y clase. Y el Paseo del Parque, con aquellos árboles centenarios que lo convierten en un templo de frescura.

Todo es hermoso en Málaga. Y sus gentes, entre las que la palabra hospitalidad siempre fue un denominador común. Y esa feria donde todo el mundo es bienvenido y convertido en amigo... y en hermano, tras compartir un par de copas y algún baile.

Alguien me dijo alguna vez que exaltar a Málaga como lo hago, lo heredé de mi madre.

Sin duda nunca nadie pudo recompensarme mejor que piropeándome de esa manera.

Podría decir tantas cosas y tan maravillosas de mi madre que tendría que rellenar mi pluma cientos de veces para plasmarlas.

Es una gran mujer. Que además de saber como nadie mantener el equilibrio de una familia tan variopinta como la mía, tiene una facultad que siempre le envidié. Dice las cosas sin pensar... no es que sea incapaz de pensarlas antes de decirlas, (es una mujer inteligente y juiciosa), es que prefiere no hacerlo. Tiene la valentía de decir lo que le sale del corazón y no de la cabeza, y siempre... durante toda mi vida, la recuerdo afrontando consecuencias por ello. Yo jamás he tenido las agallas de imitarla.

Dirijo mi mirada ahora al puerto de mercancías, donde los operarios trabajan frenéticamente.

Pienso las ideas que cada uno guarda en su cabeza mientras desarrollan su actividad. El peso de una familia que mantener... una hipoteca que pagar... afrontar y combatir una crisis, tan dura como se tercia, en un país donde la clase política no son más que incapaces y vividores.

De repente un estruendoso ruido de panderetas aporreadas sin ritmo ni cadencia alguna reclama mi atención. Un negro embutido en un traje de verdiales mueve los brazos, palmotea y salta de modo espasmódico, con objeto de reclamar la atención de los clientes de una terraza cercana y reclamarles algún donativo.

Quizás no se puede decir negro... bueno pues digo de color... un tipo de color y travestido tocando una pandereta. Que absurdas las leyes no escritas de lo políticamente correcto respecto al racismo y sus matices, que no hacen más que poner las cosas más difíciles.

Y hablando de cosas difíciles, la vida del inmigrante en cuestión, que opino que le importa bien poco el cómo lo denominemos, no está su bienestar en la sutileza de como lo tratemos, total, y perdonen la malsonante expresión, nunca antes estuvo tan jodido en nuestra tierra como ahora... recordemos que pide limosna vestido de mujer... está igual que en su tierra, sólo que allí no llevaba faldas. Hace poco, cuando la burbuja inmobiliaria todavía no había estallado derramando paro e incertidumbre por todas partes, trabajaba doce horas diarias, pero ganaba una pasta dirigiendo volquetes en las obras del metro. Conoció la bonanza... se compró un BMW de esos antiguos que gastaban mucha gasolina, lo tuneó, y cada noche fardaba con él un rato junto a sus colegas en la Plaza de Bailén.

Viéndolo todo maravilloso se trajo a su parienta del otro lado del mar... y sus tres churumbeles... porque allí hacer bebés era el deporte nacional. Le compró una bicicleta a cada niño... la más grande de la tienda... aunque los angelitos no se pudieran ni subir. A la mamita le compró un top de tigre, minifalda y bolso a juego, para poder lucirla en el BMW. Jamás soñó una vida tan opulenta.

Y de pronto una noche ve a Pedro Piqueras en la tele, con gesto pesimista... vaticinando la crisis que amenazaba... no le prestó atención... apagó el plasma y se retiró con la parienta a ver si hacían un pequeñín español.

Al poco lo despidieron de la obra. Le dieron cuatro duros y su casco sudado. Con él bajo el brazo se fue a pedir trabajo a otra obra... y a otra... nada... luego probó en los polígonos... en los almacenes, nadie estaba por contratar... maldito Pedro Piqueras, se decía... por qué tuvo que decir eso por la tele.

Luego el casero quería cobrar su alquiler... como no había dinero pagó su mujer, utilizando sus encantos y el trajecito de leopardo. Dicha moneda de cambio tan sólo les sirvió un par de meses, acabaron compartiendo piso con otros hermanos... y todo siguió cuesta abajo, y ahora él y su decadente familia comen tres días a la semana con las limosnas que recibe cuando interpreta su deplorable espectáculo. No... al fin y al cabo no creo que le moleste demasiado que le llamen negro en vez de inmigrante.

Una niña de coletas rubias patina por delante del banco que ocupo, tropieza, y sonríe a su madre que la mira con gesto recriminatorio, cuanta vida le queda... ¿qué verá ella que no yo?, me pregunto. ¿Será esa la

niña que mencionaba Rajoy en su lastimoso debate?...
quisiera advertirla de lo que no debe hacer jamás y de
lo que debe hacer cuanto antes, y de que durante
toda su vida duerma poco, y disfrute de cada
momento en su justa medida, y que tenga en cuenta
que lo prohibido no siempre es malo.

Supongo que sus padres ya la habrán advertido de
todo esto, y ella ya se encargará de no hacerles caso.
Caer y levantarse es lo más excitante que tiene la vida.

Paso la hoja de mi libro... está demasiado oscuro para
leer... voy a dejarlo por hoy... llevo toda la tarde en
este banco del Paseo Marítimo leyendo... estoy
cansado.

De controladores y seres humanos.

La de anoche fue una extraña noche, por
circunstancias muy especiales que todos conocemos, a
causa de los intereses de unos u otros un buen
montón de españoles sufrieron frío, sed, y lo peor de
todo, la sensación de impotencia de saber que se
malograban esas vacaciones que tanto habían soñado,
sin ánimo de demagogia, sí, esas vacaciones que todos
soñamos siempre, por insignificantes que sean, esas
que nos hacen afrontar el día a día con un ápice de

ilusión más del que nos produce la ya de por sí complicada supervivencia.

A lo largo de la noche todas las cadenas radiofónicas, además de continuos informativos que en algunos momentos llegaban a ponernos los pelos de punta, mencionando titulares en los que resaltaban actuaciones militares, estados de alarma, delitos que podían conllevar una pena de varios años de prisión por regirse por esa justicia del ejército, que ambas partes de esta singular contienda nunca debieron procurar, se intercalaban testimonios de afectados por esta disputa de intereses. De todos ellos, y eran muchos y sin duda escogidos por su dramatismo, se me quedó grabado uno, el de una chica llamada Anabel, que sentada en su cama, narraba desolada, como agotada, tras un día que se vio obligada a comenzar muy de madrugada, por la causa de fuerza mayor de que su madre agonizaba en un hospital de Barcelona, y que ella, habitando en una isla hubo de preparar a contra reloj un viaje relámpago para pasar junto a su madre sus últimos momentos de conciencia. Y cómo al final un cúmulo de contrariedades la hicieron verse abocada a estar ahora, sin poder conciliar el sueño, en una cama deshecha, llamando a una emisora de radio para encontrar algo de consuelo para su pena, ya que contaba, entera, sin llanto, pero con una voz que verdaderamente conmovía, que en esos amargos momentos se ahogaba de soledad, que no tenía a nadie cercano y necesitaba de otro ser humano que la escuchara, a quien poder contar cuánto le dolía saber que su madre moriría en la frialdad de un hospital, por causa de los intereses materiales de unos u otros.

Anabel, no te preocupes que anoche fuimos muchos los que te escuchamos y no estuviste sola, yo, y estoy seguro que muchos otros oyentes compartimos tu dolor, y sufrimos junto a ti tu particular calvario.

Señores... quienes tengan la culpa de haber llegado a este extremo... ¿De verdad creen que no pudieron haber evitado todo esto?

La Calle Violeta.

Fue una mañana más, de esas que el asedio de la rutina atormenta, cuando mi buen amigo y compañero Sergio se acercó a mí, y me comentó en voz baja:

- ¿Te gustaría venirte a mi casa el sábado? ... nos reuniremos unos pocos amigos del trabajo... es por vernos fuera de todo esto... por pasar un rato desinhibidos .-

Desinhibido... aquella palabra me gustaba, porque últimamente, más que jamás en mi vida, sentía la necesidad de estarlo.

También me agradó el hecho de que me contase entre aquellos pocos elegidos entre los que, en modo alguno, no le importaba compartir su intimidad.

Y lo que en realidad más me atraía de aquella invitación, era poder al fin conocer aquel magnífico casoplón, del que tanto mi amigo me había contado, con ese brillo especial que mostraban sus ojos cuando me narraba los avances de aquella obra, que me hacían adivinar que estaba construyendo mucho más que un hogar... que lo que estaba construyendo no era ni más ni menos que un sueño. Y si algo he aprendido es que siempre merece la pena ver un sueño concluido.

Eran demasiadas las razones que me hicieron aceptar sin dudarlo, y observé que le alegró mi decisión.

Pasaron los días, y a la hora prevista, después de varias vueltas en balde, y llamarle unas pocas de groserías a la voz de fémina que emitía mi GPS, acabé aporreando nervioso la puerta de aquella hermosa Villa.

Enseguida me abrieron los anfitriones, Sergio y Susana, y sabiendo ejercer de tales magníficamente, nos cedieron el paso orgullosos, a mi mujer y a mí, a aquel maravilloso lugar que con tanto trabajo y empeño habían construido.

Entonces fue cuando aprecié que aquel confortable patio, coronado con una original piscina, albergaba un montón de manos que enseguida se extendieron hacia mí, y unas caras conocidas, pero nunca exultantes como ahora, sino con el peso de la monotonía y la presión dibujados.

Eran aquellos compañeros, ésos que a veces catalogas por cuatro fotos en sus mesas de trabajo, y la falta o exceso de cortesía en sus correos electrónicos.

Aquella esquina de la calle Violeta, al que había que añadir el encanto de todos los sitios que cuestan trabajo encontrar, nos había reunido a todos, hombres y mujeres de sonrisas sinceras que íbamos a compartir un rato de nuestras vidas, un rato más... porque de un modo u otro, los que allí nos dábamos cita, en realidad compartíamos casi toda nuestra vida.

Pero aquellos eran momentos muy especiales. Ningún yugo laboral nos ataba... ese tiempo que estuvimos juntos en el que pasaron las horas pero los relojes estaban parados... que ni tan siquiera los móviles osaron mancillar... y que todos los allí presentes sabíamos que valía más que el oro, nos mostró cómo éramos... seres humanos que ofrecían y recibían amistad... olvidando rencillas antiguas... discusiones del día a día que la agresividad que genera la supervivencia provoca.

Aquella tarde, que se prolongó hasta la noche, en la que todos reímos, jugamos, bromeamos, comimos y bebimos... y que hasta cambiamos la rueda pinchada de unos de los del grupo, en menos de cinco minutos, sin más ayuda que los cuatro cubatas que llevábamos encima y la camaradería recién surgida y que le faltaban horas para ser extinta.

Luego seguimos... comiendo... riendo... bromeando, hasta muy entrada la noche, sin tregua... sin sentirnos ofendidos... sin temer al ridículo... libres y felices, sin ser un engranaje de nada, ni manejados por las circunstancias.

A ratos me quedé parado, distante... queriendo saborear aquellos momentos donde la rutina no tenía cabida y por lo tanto no espantaba el sentimiento.

Cuando llegó el momento de abandonar aquella encantadora casa y a sus atentos propietarios, que fueron capaces de hacernos sentir como si estuviésemos en la nuestra, a todos nos costó despedirnos.

Gracias Sergio y Susana porque la vida nos sonrió un poco a todos, aquel día, en la calle Violeta... y por desgracia la vida no es muy de sonreír.

Sobre padres e hijos.

Sobre niños... hoy toca hablar sobre niños.

No tengo hijos... y empiezo a dudar que llegue a tenerlos, aunque si termino teniéndolos quizás acabe mandando este post al limbo de los posts... es decir, el lugar a donde mandas lo que escribes cuando te retractas de lo que opinabas. Pero como hoy por hoy no tengo la suerte o desgracia de pensar en un infante que no sea yo, (que casi lo soy), lo único que puedo es comentar lo que veo... es decir... los toros desde la barrera.

En mi cuaderno de campo... ese donde anoto lo que la vida me enseña, apunté sobre esos personajillos, que los hay de todas las clases, mejores y peores, valientes y cobardes, obedientes e irrespetuosos, pero todos ellos, a diferencia de lo que piensan sus padres, según van creciendo... cada día... en algún momento, los prueban, y acaban, si éstos no andan listos, comiéndoles el terreno... poco a poco y sin levantar sospechas.

Es cierto que no tengo hijos, y no puedo llegar a saber lo que es querer como un padre, pero sí como un tío, y sé querer como un tío, tengo varios sobrinos, y no dudaría en anteponer mi vida a la de cualquiera de ellos. ¿Se puede querer más que eso?

Cada día me siento afortunado, aunque sólo sea mínimamente en formar parte de su educación, pero no es menos cierto que hay momentos en que es una sensación reconfortante el hecho de que la gran responsabilidad de conducirles por la vida sea de sus progenitores, a los que en dichas ocasiones compadezco por verse obligados a una tarea tan sumamente agotadora y sin posibilidad de treguas en su ejecución.

Dicen que a ejercer de padre se aprende cuando la necesidad lo requiere, pero yo sin embargo dudo de que en ese forzado aprendizaje llegase a ser un alumno aventajado. En primer lugar porque en esta vida hay cosas que la sociedad prohíbe y que yo permitiría, y muchas por contra que no están vetadas y que jamás tendrían mi aprobación.

Les enseñaría que los hombres no son más hombres cuando se hacen grandes amparándose en la hipocresía y la mentira. .. los educaría de modo que la verdad fuese su credo, a pesar de los problemas que ello acarrea, y que Dios es justo pero no omnipotente, y que no tiene más ministros en la tierra que tu propia conciencia.

Les mostraría el sendero de la igualdad y la justicia, y los animaría a que disfrutaran de todo aquello que le causara disfrute, y desde muy niños les enseñaría lo que su padre no aprendió a tiempo, que jamás hay que tenerle miedo a la vida... que durmieran poco y que vivieran mucho, y muy intenso.

Decididamente no... no sería demasiado buen padre.

Pepe el caminante.

La tarde se hace noche bajo un cielo anaranjado, sobre una mar mansa como un espejo, en el que se refleja alguna nube quemada por el sol extinto.

Contemplar ese paisaje sin más, ya merece la pena conducir los catorce kilómetros que me separan de aquel lugar. Es un paisaje digno de convertirse en una fotografía premiada, o de ser plasmado en el lienzo inmaculado de algún pintor de marinas.

Sin embargo no es eso lo que me hace frecuentar aquel lugar.

Cada tarde, y tras la calor del día, a la hora en que el verano empieza a dar una tregua y la brisa marina a cobrar frescor, Pepe comienza a caminar por aquel lugar. El Paseo marítimo de la Cala del Moral.

Camina cada día, desde hace mucho tiempo atrás. Va con paso rápido y decidido, a pesar de sus setenta y pico de años, como queriendo disfrutar de tanta belleza antes de que la noche lo convierta todo en el antojo de la luz tenue de unas farolas.

Disfrutar de ese paseo y de esos particulares atardeceres es para Pepe uno de los mejores momentos del día, muy grande ha de ser el contratiempo para que no se calce sus ajados tenis blancos, y camine hasta el acantilado a presentar sus respetos a aquella Virgencita del Carmen, que nació nadie sabe cómo, en una oquedad de una roca, y a la que acabó haciéndosele una capilla que incluso fue bendecida por el párroco local.

Y es que Pepe es un hombre de comunión diaria, que no concibe la vida sin un Dios y una Iglesia, aunque desde mi respeto a veces discrepemos. Al final, quizás sea todo que envidio su fe.

Mis hermanos, mi madre y yo solemos reunirnos a tomar el fresco en un banco situado en el intermedio de su paseo. De todos, yo soy el menos habitual en acudir a esa cita. Todos lo vemos volver... vuelve cansado y con el rostro desencajado, y en su vuelta, cuando nos alcanza su vista, en su cara se dibuja un matiz de alegría. Luego se sienta un rato entre nosotros y compartimos risas y chanzas, que por muy mal que se haya dado el día, acaban siempre surgiendo.

A veces me pregunto mientras le espero, por qué no heredé su fe, ya que Pepe es mi padre, y subo a esa Virgen del acantilado para rogar por que sean muchos los años en que todos nosotros esperemos en ese banco la vuelta de Pepe.

Adriana.

Cuando uno cree que se le apaga un poco el alma, y que el camino se hace demasiado cuesta arriba para poder seguir afrontándolo, sin un cabo donde agarrarse, sin un recodo en donde tomar resuello, puede que por un milagro, o simplemente porque la vida es así, que está diseñada para ofrecerte un equilibrio en tus desdichas y alegrías, y permitir que no perezcas en el intento de vivirla, en el momento más tenso, tiene la generosidad de hacerte un guiño, para que no caigas... para que sigas subido, aferrado a ella. Ese guiño, para algunos, fue Adriana.

Nació hace unos días, y sin ella saberlo, encendió una lucecita en la vida de todos nosotros, los que la esperábamos ansiosos. Vino al mundo linda... paciente... tranquila, sin protestar casi, a diferencia de muchos recién nacidos que cuando un desconocido, ataviado con una bata, los recibe en un lugar frío a base de cachetes, despojándolos casi brutalmente del calor y la protección de las entrañas de su madre, no dudan en arrancarse en un ruidoso llanto que unos llaman reflejo, pero que quizá obedezca a la desazón de entender que nunca más volverán a gozar de tan ideales circunstancias.

No, no es su caso... ella vino al mundo sin alborotar, sin molestar a nadie. Pareciera más bien que traía la lección bien aprendida de que en esta tierra lo más inteligente es pasar desapercibida.

Cuando la vi por primera vez se me antojó levantarla en mis brazos. Jamás fui capaz de coger a un niño tan pequeño, siempre me pudo el miedo a lastimarlos, pero algo... quizá su tranquilidad... su placidez, me impulsaba a hacerlo. Mis dos manos eran toda ella... se mostraba tan vulnerable y a la vez tan confiada...

Pero cuando abrió sus ojitos rajados y me clavó la mirada, noté que era grande y muy fuerte. Mucho más que todos los que andábamos por allí celebrando su nacimiento, y comprendí que aquel menudo cuerpecito al que arropaban las cuencas de mis manos, trajo regalos para todos nosotros. Despertó mi alma dormida el contemplar su mirada serena, ésa que dicen los entendidos que con esas pocas horas de vida aún es transparente, y que sin embargo impactó en mi interior desbocándome dentro un sentimiento que anudó mi garganta... algo que ya tenía casi olvidado... complicado de explicar pero plácido a la vez... como si me aportara una inyección de vida y esperanza.

Me consta que fueron otros muchos a los que dio algo con su nacimiento, porque es bien cierto que en este mundo de infortunios, en que son frecuentes las circunstancias en que el destino no se muestra esquivo en apalearte, cuando la alegría te sube a los ojos y te los inunda es algo muy grande lo que lo provoca, y vi esas nubes en los ojos de otros allí presentes que, como yo, tuvieron la fortuna de sujetarla unos instantes en sus brazos.

Gracias Adriana por venir al mundo... por haber dejado, paciente, que mis cansadas manos te asieran.... gracias por aportarme tu aliento para ayudarme a soportar la pendiente del camino... gracias por dedicarme aquella mirada que sólo yo vi y entendí... gracias por encender una luz entre tanta oscuridad... gracias Adriana... gracias y bienvenida.

Héroes de papel.

Cuando llega el otoño, después del tórrido verano que le ha precedido, las primeras lluvias me provocan cierto desazón en el alma, y para paliarlo, pierdo mi mirada entre las mil formas caprichosas que dibujan las gotas en los cristales, y abro mi mente a la que asaltan los recuerdos del pasado.

Hoy es mi adolescencia la que se me presenta como en un sueño de esos que intentas alargar para disfrutar unos minutos más de él.

Recuerdo las gradas del Colegio Salesiano, donde mi elegida pandilla, unos pocos de jóvenes que como yo, pensaban erróneamente que la vida siempre correría bajo nuestros pies, y que bastaba estar allí sentados, compartiendo una colilla, que por ser tan usada quemaba nuestros labios, y sostener la mirada a alguna niña, que fascinada por nuestro porte y juventud, se planteaba el dejar de serlo, sería suficiente para que el mundo nos abriera todas sus puertas.

Qué ilusos éramos... cuando creíamos que nuestra juventud no sería perecedera... nos imaginábamos únicos... superiores, y en realidad no éramos otra cosa que héroes de papel.

En ningún momento, por aquel entonces, sospechamos cuanto puede llegar a doler la vida. Cuánto daño puede hacer.

Aprendimos que ese orgullo de que presumíamos terminó por ser una lacra, y demasiadas veces nos vimos en la tesitura de ahogarlo o reprimirlo para mantenernos a flote. Que muchos juramentos son mentira, que no hay nada sin precio... ni siquiera el amor, y que Dios, si es que existe, a menudo se muestra cobarde.

Hoy me miro en el reflejo de ese cristal salpicado de lluvia y ya no reconozco a aquel joven que fui. Tan sólo veo a alguien a quién le sobran arrugas y le falta pelo, y que cada vez se siente más vacío.

Ahora me doy cuenta que desde entonces hasta ahora he pagado un alto precio y que aún es mucho el tributo que me queda por saldar.

Por fortuna me queda el recuerdo... el recuerdo de esos héroes de papel.

Calle Silencio.

La calle Silencio es un lugar especial, donde las palabras son muy estimadas, donde adquieren la dignidad que merecen... donde el sentirlas siempre es más importante que pronunciarlas.

Allí tan sólo impera lo que su nombre índica... silencio.

A veces ocurre que tenga la osadía de adulterarlo un mirlo, con ese trinar que a todos tranquiliza... quizás el viento, aunque con sutileza, tratando de violar la frondosidad de una higuera que en su orilla soporta cada año el ardor del verano y el gélido invierno... puede que también, con su atrevimiento, acabe ultrajando a ése que dio nombre a la calle... el Silencio.

Ese que se puede llegar a amar, y que en ocasiones se hace tan fácil de odiar... el misterioso, cruel y tranquilizador silencio.

Descansé mi abatido cuerpo en el margen de aquella singular calle... la que me hizo su amigo de por vida... donde al fresco murmullo de un arroyo de alegre caudal, que hacía fértil un pensil cercano que cruzaba, abandoné mi mente, pues el peso de mi alma, que no me daba tregua, me hacía tarea imposible sujetarla.

Lo que ocurrió fue único... lo mejor que en mucho tiempo había experimentado.

Mi corazón triste vomitó su dolor, y la paz, ahora latente en el centro de mis entrañas, cobró la luz olvidada que un mal día le arrebataron el conjuro de la suerte y el demonio del destino.

El viento ahora era brisa, en la calle Silencio, y su arrullo era todo... mi dios y mi diva... mi pasión... mis musas, que otra vez volvieron con alegres atuendos... y festejaron su vuelta brindándome la oportunidad de hacerlas brillar nuevamente... de convertirlas en hadas otra vez, no sin antes obligarme a prometer que jamás volvería a herir sus sentimientos... que jamás volvería humillarlas con mi olvido.

La magia... el hechizo de la calle silencio hizo volver a mí aquél que yo era antes. Aquél que daba valor a la vida... aquél que sabía despertar su alma cada día y entregarse a sus sueños.

La calle Silencio me enseñó que la vida no guarda tiempo para dormir, tan sólo concede tiempo para soñar y vivir.

Siempre formará parte de mí... jamás la olvidaré... jamás olvidaré la calle Silencio.

Mariquilla.

Cada tarde compro el pan en la misma panadería.

A veces, cuando llego hay una corta cola de clientes esperando ser atendidos, y a la derecha del mostrador, apoyando su codo derecho sobre éste, observo a una anciana de gafas oscuras y pelo corto y cano.

Mariquilla, que así es como la llama la dependienta, es una clienta un tanto especial.

He observado, ya que a diario acudo a ese local, que cuando se forma la cola que antes mencionaba, Mariquilla se hace a un lado, y en vez de realizar su compra cede el paso a todos los parroquianos, compartiendo, o tratando de compartir unos minutos de charla con cada uno de ellos.

A veces les cuenta algunos chistes blancos, ciertamente ingeniosos, que me hacen esbozar una sonrisa. Otras, intenta con mayor o menor éxito, dependiendo del talante o el día de que disfruten aquéllos a los que se dirige, entablar conversación trascendental, pero tratando de prolongarla todo lo posible implicando para ello a la atareada dependienta, así como a todo el que le rodea.

No son pocas las veces que da con un estirado malaje, que la mira por encima del hombro y hace amago de ignorarla. En ese caso ella baja la mirada y lo deja acabar su compra sin volver a molestarle.

Como dije, se expresa con gracia... con socarronería, incluso cuando llega mi turno, que tengo un carácter serio e introvertido, soy incapaz de negarle una sonrisa y entrar en su juego aposta... quemando unos minutos... dejándome enredar en su diálogo.

Otras veces la veo caminar por el barrio, con sus pasitos cortos, con miedo de pisar de modo indebido, dada su poca visión, sin un destino cierto... como sin saber muy bien dónde ir... como huir de su soledad.

No puedo evitarlo... cuando la veo me da que pensar... qué diferentes pueden ser las vidas de las personas por capricho de la suerte o el destino. Qué contraste... cuantos ancianos pasan sus años dorados al calor de sus hijos y nietos, y en cambio otros como Mariquilla, han de comprar mucho más pan del que consumen, para poder pasar los últimos años de su vida buscando algo de calor en la conversación vacía de unos extraños.

Cuánto de injusta tiene esta perra vida.

Mi mundo en tus ojos.

El viento que acaricia tus cabellos, el mismo que antaño, destacándose en mi aliado, te agasajó con mis besos volados, que tus labios se apropiaron con un ademán y un guiño.

Los dos tuvimos pasados, y en nuestros sueños de hoy se rememoran, y aunque la vida no tiene reparos en corromper hasta los mismos sentimientos, tu recuerdo... el recuerdo de tu risa, incipiente al verme... tenue, mas después... sonora al rato, mas nunca estridente, provocada por las cuatro bobadas de un adolescente que te enamoraba. El recuerdo de tu esencia... de tu aliento con olor a regaliz y fresa ácida.

El rozar de tus mejillas... de esas largas pestañas de terciopelo que enmarcaban dos ojos del color del caramelo... grandes y limpios... ojos eternos, ese recuerdo, me aprieta el pecho con tanto ahínco como entonces, y amarra mi alma y mi corazón maltrecho a esa gran mujer que fuiste, que eres, y que nunca dejarás de ser.

Aunque la vida, despiadada, levante su espada amenazante contra nuestras voluntades, y a veces nos confunda y nos haga perder el rumbo, rompiéndonos los sueños, borrándonos del alma cualquier atisbo de una brisa de aire fresco, juntos, cogidos de la mano tal como siempre hemos caminado, recobraremos el trazado de esa senda que seguiremos, y construiremos nuevos y maravillosos sueños, aunque tan solo sea por retarla... por enseñarle con quién se enfrenta... amándonos sin descanso, y eternamente enamorados.

No dejaré jamás de ver en ti a esa mujer que me ilumina, porque tiene luz propia, que me enseñó que la vida está cargada de matices... que supo ser brava siempre que lo demandó una gesta. A ésa, que lo da todo por escucharme y a la vez aguanta paciente mi silencio. A ésa, que me regala besos incondicionales, y siempre está cerca sin dejarse ver.

Que es capaz de otorgarme la paz con su mirada, y hacerme ese poeta que nunca fui.

Se siempre tú, mujer, te necesito... sin ti no sé vivir.

Ser o no ser.

Habitualmente me levanto temprano. Con los ojos aún pegados y la rémora de un sueño perezoso que se resiste a abandonarme del todo. Me encamino casi mecánicamente en dirección a la terraza, para admirar entre bostezos el fastuoso espectáculo de ver emerger un sol anaranjado desde detrás de las aguas del, generalmente, tranquilo Mediterráneo.

Cuando ha crecido considerablemente y exhibe su bella y luminosa circunferencia casi en su totalidad, mi mente, hasta entonces como ebria... adormilada, ya ha conseguido la conciencia total. Es entonces mi momento de reflexión.

No me ocurre a diario... cuando llevo la rutina de un día laborable pegada a mis talones, atropellándome, y empujándome a cumplir los horarios establecidos en los que todo está calculado al minuto, es muy poco lo que tengo que decirme, porque de inmediato, como un velo, se despliegan ante mis ojos los quehaceres del día venidero, y mis deberes se abanderan como el único motivo que ha de ocupar mi recién levantado entender.

Sin embargo hoy se trata de un festivo, y mis planes han de desarrollarse bien entrado el mediodía, no antes, y eso provoca en mí un vacío en el alma de mis neuronas, acostumbradas al estrés cotidiano, que en esta ocasión provocan que mis entendederas empiecen a darle vueltas a cuestiones, que aunque sé que me vienen grandes, y la cobardía me invita a sacármelas de la cabeza, no tengo más remedio que afrontar, ya que no me asaltan motivos más veniales que me inciten a olvidarlas.

Son siempre pocas las preguntas que me aterran, sin embargo cuando me asaltan termino pasando un mal rato y con respuestas confusas e inconclusas.

¿Quién soy dentro de esta vida que me ha tocado vivir?

¿Hago lo que quiero con mi vida o lo que debo?

Ciertamente y muy a mi pesar me contesto... hago siempre lo que debo. Eso ya me pesa mucho, porque dicha respuesta me hace ver que no soy quien quiero ser... que mi vida se ha ido construyendo a partir de retazos de circunstancias... me debo a un trabajo que en realidad no me apasiona... me relaciono de manera hipócrita con algunas personas que detesto para ser socialmente correcto... digo que sí cuando creo firmemente en un no, y a la inversa.

Ya se me está nublando ese hermoso amanecer... pero viene la tercera... como suele decirse, en la frente.

¿Qué debo cambiar para poder hacer lo que quiero con mi vida?

Ya todo son nubarrones y tormenta incipiente... porque precisa de demasiada valentía, voluntad y sacrificio respondérmela... contestarla es un compromiso que muy pocos están preparados para asumir.

Entonces es cuando me digo: - La vida es muy corta... no he de pensar tanto.

Y es entonces cuando debería decirme: - La vida es muy corta... no he de permitir que nadie ni nada la viva por mí.

Pacto de silencio.

Ya entró el nuevo año. Cuando eso ocurre tengo por costumbre aporrear las teclas de mi ordenador, sin delicadeza alguna… mostrándome cruel con él, ya que ambos sabemos que no busco otra cosa que limpiar mi conciencia de demasiadas palabras que debieron decir mi boca, o dado el caso, escribir mis teclas.

Es viejo perro ya mi ordenata… casi tanto como yo, y su conciencia también está blindada tal y como la mía. En el año que ha muerto no dijimos mucho de lo que debimos… callamos demasiado. Hoy seguiré sin denunciar que la vida no es igual para todos los hombres… ni que la política es una bazofia, pertenezca al palo que se tercie. Hoy callaré que es más fácil morir que olvidar, y que el honor no es más que el escudo del soberbio.

Hoy no contaré que este año habrá muchos que se hagan más ricos a costa de esa crisis que solo padecen aquéllos que nunca tuvieron la suerte de ganar una sola partida a la vida.

Mi ordenador y yo compartiremos que se mueren cada día demasiados niños de hambre, para que la Iglesia siga defendiendo a capa y espada un patrimonio, que aunque tan solo fuera por vergüenza, debería entregarles para paliar sus más básicas necesidades. Pero ambos lo guardaremos para nosotros… lo callaremos… tampoco lo diremos.

Los dos… mi teclado y yo, seguiremos peleándonos entre nosotros, y no hablaremos jamás de los indignados. De esa gente a los que muchos dicen perros flautas, pero que un día, con dos huevos como dos melones, tomaron una plaza principal, y le enseñaron los dientes a la clase política que por desgracia no vive ya de ideales, que los olvidaron a golpe de chequera, trajes y parabienes de todo tipo. Y esos hombres y mujeres, en su mayoría jóvenes, preparados y con ganas de hacerse un sitio en ésta, su patria… su casa… sacaron los colores a todos ellos, que ya es un logro… porque es ardua tarea ponerlos colorados. Pero de eso no se puede hablar, sólo son gentuza que toca la flauta y se hacen acompañar de perros pulgosos. Por eso mis teclas y yo lo callamos.

Mi ordenata y yo, tan sólo nos miramos y no dijimos nada, cuando veíamos partir a jóvenes que se formaron aquí en su tierra, con carreras en las que hipotecaron su juventud, porque no teníamos sitio para ellos, mientras cualquier abrazafarolas era concejal de cualquier cosa inventada a su medida, y se llenaba los bolsillos haciéndose fotos y prometiendo, lo que no tenía ni cabeza ni medios para cumplir. Pero este viejo ordenador, que una vez me hice a retazos, pactó silencio conmigo para no hablar tampoco de ésto.

Ya hay nuevo gobierno… mi ordenador y yo no entendemos demasiado de política… pero si hemos oído que se congela el salario mínimo. Se puede vivir con seiscientos euros, dicen los nuevos ministros con sus flamantes carteras. Nosotros tampoco diremos nada, dicen que después de todo son pocos los afectados, sin embargo daría la media vida que me queda por ver en las nóminas de los que defendieron la medida ese irrisorio importe.

Bueno, mi viejo clónico, esto que hemos escrito que quede para nosotros. No hemos de compartirlo con nadie, no está muy bien visto.

Indice

www.ingramcontent.com/pod-product-compliance
Lightning Source LLC
Chambersburg PA
CBHW051317170526
45166CB00002B/584